合 気 解 明

合気解明

炭粉良三

海鳴社

——特別謝意——

その昔、テレビをとおして私に合気をかけて下さったであろう…

隠遁者様・故エスタニスラウ神父に、及びその撮影／放映に携わられた全ての方々に。

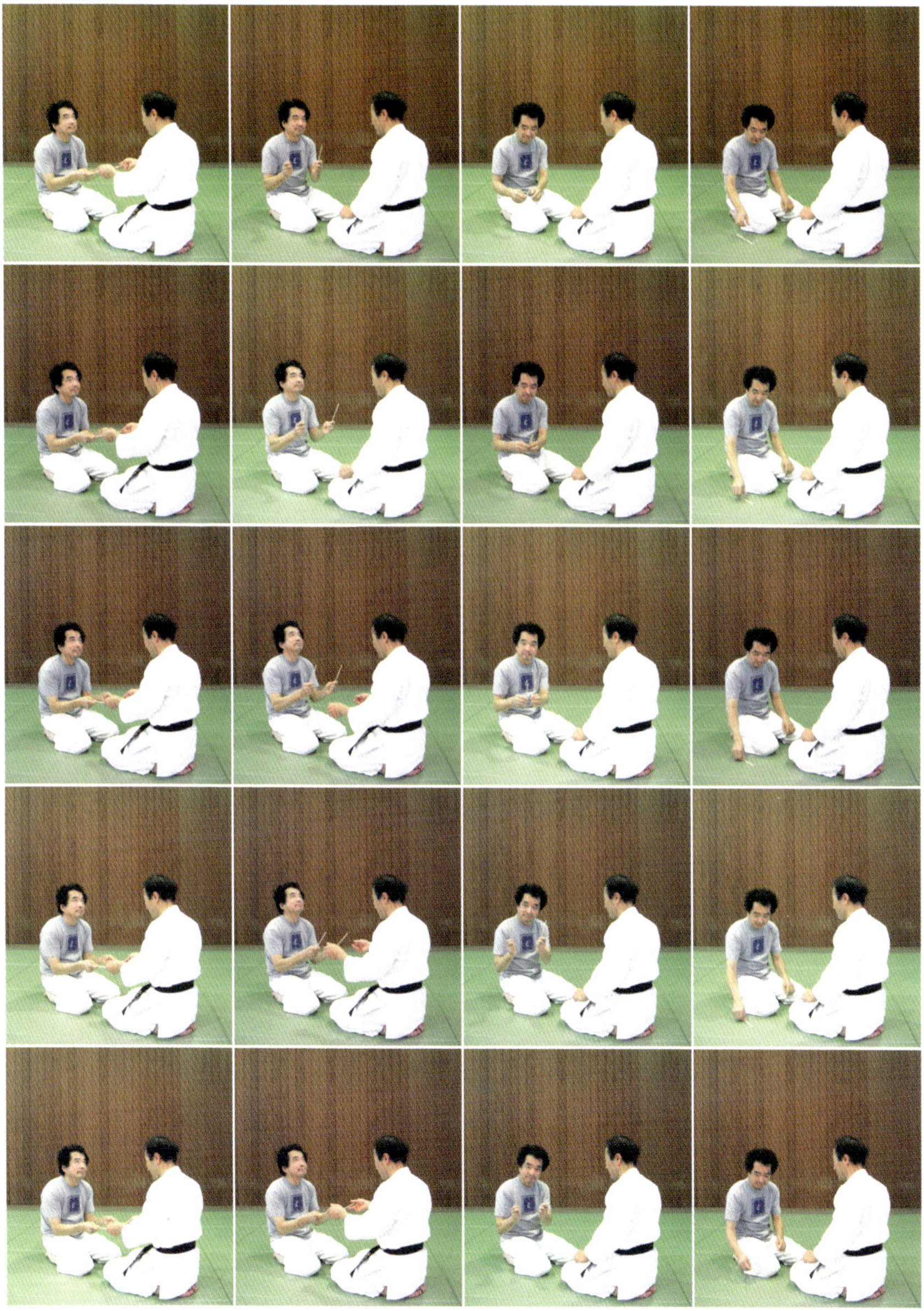

ヨーダのフォースによる戦闘機上げを彷彿とさせる割り箸による合気上げ連続写真

もくじ

序に代えて

いつの頃からか、私はずっと考えてきた合気について、ある有名な映画のイメージをダブらせていることに気づきました。

なにを隠そう、それは巨匠ジョージ・ルーカスの代名詞ともなっている『スターウォーズ』!!

その最大の理由は、この映画の中で重要な位置を占めるジェダイの騎士が操るフォースという見えざる「理力」のイメージが、ちょうど合気のそれと重なって見えたからです。

ルーカスという方は恐らく大変な日本通だったのでしょう。ジェダイという言葉は日本の「時代劇」の「時代」から取ったことは有名ですし、さらにジェダイの騎士のいでたちや剣は侍そのものです。また、ルーク・スカイウォーカー初登場の姿なんか、上はどう見ても空手衣ですし（笑）、一説によればジェダイ・マスターのヨーダは……日本人「ヨダさん」という人がモデルになったと

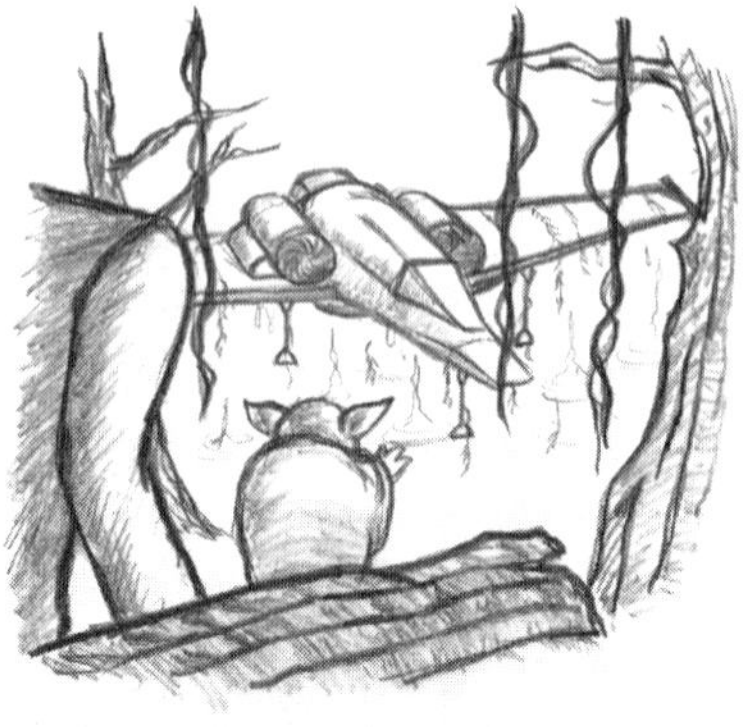

映画「スターウォーズ」のワンシーン

か（爆笑）！

しかしそういった表面的なことではなく、むしろその劇中に出てくるジェダイ達の台詞や振舞いの中にこそ、私はフォースと合気の類似性を見ています。

むろん、スターウォーズは映画でありデフォルメは仕方がありません。ジェダイはフォースを使って物を動かしますが、合気ではこれは不可能です。しかし、私には特に印象的なシーンがあるのです。

それは……ルークがヨーダの下で修行を始めたときのことです。沼に墜ちた自分の宇宙戦闘機をフォースで引き上げてみよと命じられた彼は、途中まで引き上げつつ失敗。「無理だ！　こんな大きなもの！」とヨーダに毒づき、その場を去ろうとしますが、自分よりはるかに小さいヨーダは何も言わずにルークの目の前で戦闘機を引き上げて見せる。驚いたルークは「し……信じられない！」と叫ぶのですが、その台詞を聞いたヨーダが呟くようにこう言うのです。

「そうじゃろうとも。だから……失敗したのじゃ」

このヨーダの教えは、極めて深い！　これを戦闘機ではなく人間に置き換え、合気上げと見た場合の共通性に、私は慄然としました！　合気には筋力や体重など、何の関係もありはしません。自分の思い込みこそ、可能なことを不可能に見せているのだと、この小さくも偉大なジェダイマスターは教えてくれているのです！

おもしろいことに保江邦夫先生も同じ見方をされていたらしく、よくこの映画を喩えに使われます。

そこで師のアドバイスの下、自分が考えを進めてきた「合気私考」と「続・合気私考」を『合気解明――フォースを追い求めた空手家の記録――』としてまとめることにしました。

ということは、自分はパダワンということになります。パダワンになるためには確か生後半年以内でなければならなかったはずだから、あまりに年をとりすぎでいますが（笑）!!　しかし、青年に成長するまで自分がジェダイであることを知らなかったルークが双子だったレイヤと共にこれを引き継いだとき、彼はこのパダワンという名称とその制度を廃止しました。なぜなら宇宙を旅するうちに様々なフォース使いに出会い、ジェダイ・アカデミーを創設、ジェダイの騎士を復興させようとするからです。そしてそこに集ってきた新弟子達の中には、既に老齢の者も含まれていました。ですから私もここはルークにあやからせて頂きましょう！

映画化されていない部分ですが（実際の「スターウォーズ」は大長編なのです）、これを読んだとき、保江先生が主催される野山道場がジェダイ・アカデミーに思えたものです。

ではこれより、不惑をとうに超えた男がフォース使いと出会ってしまい、不惑どころか大いに惑い、悪戦苦闘しつつもその謎に迫った足跡を、御覧頂きましょう。

第一部　合気私考——人間の技にあらず、神の業なり——

この第一部は、保江邦夫著『唯心論武道の誕生』（海鳴社、二〇〇九年七月）付録に発表されたものを再録したものです。

合気への懐疑

私は長年、フルコンタクト空手（フルコン空手やフルコンと略す）をやってまいりました。これをやる人達のほとんどは、腕っ節はもちろん身体中を鍛えに鍛えて強くなろうと目指し、それこそ全員が歯を食いしばって頑張っているわけです。私もその中の一人であったことはいうまでもありません。

ところが、もう二十年ほども前に佐川幸義という武術家について聞き及びました。なんでも「合気」とかいう極意を使って、屈強な者どもをポンポン投げるとのこと。ただし、この時点では私は別段驚きもしませんでした。何か古武術的な型の中にある約束事の稽古でのことだろう、どうせ。もし本当に強いのなら柔道の試合などに出てくるはずだし、出てきたらそのときに柔道の自由乱取りや我々フルコンの自由組手がどれほど甘くないものかもわかるだろうし……。そう思って、その名人のことは特別気にも留めずに、唯々筋トレや走り込みに明け暮れていた次第でした。
ところが数年前、空手界の重鎮であられる某先生から「合気は実在する。佐川幸義の弟子である木村達雄という人物に、自分の高弟がとても信じられない技で翻弄されるのをこの目で見た」と聞かされました。その話され方が尋常ではなかったことから、初めて私も「これは一つ真剣に考えた方がよいかもしれない。まるで〈空飛ぶ円盤〉の目撃談みたいだが」と感じ、某合気系柔術の道場に入門、数年間修行させて頂いたものの修行至らず、関節技や重心移動による崩しに終始し、とてもその先生が言われるような摩訶不思議なものの存在は見て取れなかったのです。

「やはり、そういったことは何かのトリックか目の錯覚なのではないか」

そう思った私はその流派から去り、専ら空手に専念する日々に帰ったのです。だが……心のどこかに、何かがソゲのように刺さった感覚がずっと残っていました。そんな頃、木村達雄教授の『合気修得への道――佐川幸義先生に就いた二十年――』(合気ニュース)が発刊され、それに掲載されている写真を見て愕然としました。

「これは、何かとんでもないものが存在しているか、さもなければ真っ赤なインチキだ」

しかしフルコン者である私は、その後者の立場を取りました。こんなマヤカシに乗っている時間などない！　一層厳しく身体を鍛えつつ、合気を益々敵視していきました。

今になって一つ思うことがあります。たとえば野球における伝統の一戦、巨人阪神戦。巨人ファンも阪神ファンもそれこそ必死に自チームを応援し、相手チームや相手ファンを愚弄して止みません。しかしよく考えてみれば、阪神ファンは巨人があるからこそあれだけ燃え上がることができるのですから、ある意味阪神ファンは変形した巨人ファンだといえるのではないか。また、これは巨人側からも同じことがいえるでしょう。

中国の陰陽論が語るように、両極とはその存在において等価であり、本質的には同じものなのかもしれない……。

サーモスタットの針が端から端へと大きく振れるためには、とりもなおさず、まず片方に傾き切る必要があります。その意味で私の武術修行は一連の出来事によってますます力の方向に振れ、限界点に達していたのかもしれません。そう、今思えばまさに私の合気に対する懐疑こそが自分の針を大きく正反対に振らせるエネルギーとなったのでしょう。

しかし幸運は続きます。もし保江邦夫先生の合気との遭遇がなければ、私の針はサーモスタット自身を振り切って飛び出し、散々に折れ曲がって果てていたことでしょう。まあ、私も武道家の端くれですから、それならそれで良かったのではありますが……。

しかしながら最早そうも言ってはいられなくなってしまった。私は合気を見てしまいました。それから約一年、自分が行き着くことができた、考え着くことができたことを以下にまとめます。

キリストの夢

合気との出会い

キリスト教と合気

まずもってお断りしておきますが、私は宗教者ではなく、従いまして特定の宗教の信者では決してありません。ただ外戚がクリスチャンであったために、子どもの頃から教会をはじめキリスト教的雰囲気には慣れ親しんできました。聖書も時々ではありますが読み返します。そんなこともあってでしょう、昨年（二〇〇八年）一月のある日とても不思議な夢を見ます。それはなんと、イエス・キリストが「私が合気を教えてあげよう」と語りかけてくる夢でした。そしてまさにその日、書店にて私は保江邦夫先生の御著書『合気開眼——ある隠遁者の教え——』（海鳴社）と出会うのです。

それ故、私にとってはこのキリストの仲介には大きな意味がありますが、ここではそれについてはあえて多くを述べません。しかしながら、聖書の中に書かれた事柄を知っていることで合気の理解が進んだことも厳然たる事実です。そこで、ここではその事柄を二箇所ほど取り出して後の論に繋げていこうと考えます。

まず、旧約聖書「創世記」。有名な神による天地創造のくだりですが、周知のように神は土から最初の人間アダムとエバを造られた後、エデンの園に住まわせ、園の中央には命の木と善悪を知る木を生やされます。そして決して善悪を知る木からは実を採って食べてはならないと固く二人に言いつけるのですが、蛇の誘惑に負けてそれを食べてしまった二人は知恵を得、その代償として神によりエデンを追放され、なおかつ産みの苦しみを増されてしまうとあります。大いに神話的な物語ではありますが、この部分が合気を知る上でとても助けになるのです。

次にイエス・キリストの福音を伝える新約聖書。その福音書の中で、キリストはみもとに集まった民衆に次のように述べたと書かれています。

「善い行いをしたら、それを人に言ってはならない。むしろそれを隠しなさい。人に言って喝采を得れば、もう報いを受けてしまったことになる。もしあなた方がそれを隠せば、隠れたところにおられる天なる父が報いて下さるであろう」（原文のままではない）

このキリストの言葉も合気を知る上でとても助けになりますので、ここに紹介いたしました。

「合気上げ」と「突き倒し」を選んだわけ

前述しましたようにキリストによる不思議な仲介によって、私は保江先生の『合気開眼』と出会います。そのページをめくった瞬間、「突き倒し」と「合気上げ」の連続写真が目に飛び込んできて、私は「これは尋常ならざる事態が起きている」ということを速やかに理解しました。余談ですが、このときなぜ「これはヤラセではないのか」と思わなかったのか、実は今でも不思議です。あれほど合気に懐疑的であったはずなのに。

ともあれ、私はこれはすぐにでも著者とお会いし、実際にこの技をかけて頂かなければならないと強く思いました。幸運なことにそれは二ヶ月後の三月に保江先生の御好意により実現しますが、このとき私は上記写真の二技のみを所望しました。これで充分だと思ったからです。

その理由は、まず合気の技とは筋力に由来するものではないことが連続写真ですぐ理解できたからです。おそらく合気とは、相手の行動を何らかの手段にて誘発させるものと思われる。だとすれば「突き倒し」は相手の足腰の力を抜いて自ら倒れるように誘導し、また「合気上げ」はその逆で相手の足腰の力を爆発的に入れさせて立ち上がるように仕向ける。

そうだ、そうに違いないと確信したのです。

割り箸による合気上げ

小指一本での合気上げ

突き倒し連続写真

ただ、どうやって……いや、それよりも、こんな不可思議な現象が実際に起こり得ることを体験する方が、まず重要だとも思いました。「力抜き」と「力《りき》ませ」、この二つの存在さえわかればその他の動きを誘発する技術も同じく存在することは納得できる。そう、後はただ見ること、体験すること。そうすれば合気の存在に対して自分の心が「疑う／信じる」から「知る」にシフトするはず。

人は「空飛ぶ円盤は、夢があってよいから信じる」とは言うが、たとえば「醤油の存在を信じる」とは言わない。誰もが醤油の存在を知っていて、現に自分の家にもあるからだ。合気に対する自分の認識を「醤油」レベルに変化させるためには、この正反対の作用を示す二技体験だけで充分。

そして、私はそれを得たのです。その意味で、合気を会得するのには本当の合気現象を体験することが不可欠だといえると思います。話を聞いたり、写真、動画で見るだけで想像すること自体が合気からますます離れていくことと等しいと、まずは知らねばなりません。なぜなら、人が未知のものを想像する際には、必ず過去の経験や知識を基準としてしまうからです。

もしこれで合気が理解できるというのなら、それは未知ではなくて「既知」だったということなのですから、そんなものにどうして研究や精進が必要でしょう。

「人形化」は正しいか？　――合気のメカニズム私考――

「力抜き」と「力ませ」――魂のシンクロ――

かくて保江先生により、突き倒されることで自分の足の力が抜け、また合気上げによって自分の脚の筋肉が（後で震えがくるほどに）強制的に作動させられる、しかもそれらの事態が己の意識せざるところにて引き起こされるということを知った私は、ではなぜこのようなことが起きるのかと考え始めました。

「合気とは敵を無力化する技術」あるいは「人を人形化する技術」という言葉はよく耳にするところです。確かに相手の力が入らなくなれば、こちらは何でもできることになりますし、またマネキンなど人型の人形はその形態上、スタンドなしにはうまく立たせるだけでも大変ですし、立たせたとしても指で軽く押しただけでパタンと倒れてしまうでしょう。

しかしながら、それだけでは「突き倒し」は説明できても「合気上げ」は説明がつきません。なにせ、ものすごい筋力を使ってまで自ら立ち上がってしまうのですから。合気が見えざる原理だとすれば、その原理が場合によって複数あるとは私には思えません。倒れるときも立ち上がるときも、やはり同じ原理でそうなるはずです。

となれば「無力化」も「人形化」も共に合気によって引き起こされる状態の一場面を「描いた」表現ではないのか。それよりもむしろ我々にとってわかりやすいイメージで表現すれば、それは「催眠術」に近いものではないかと思われます。催眠術なら術者のなすがままになってしまうというシーンはお馴染みです。だから、合気の技とは何か瞬間催眠術（そんなものがあるかどうかは知りませんが）のようなものではないか。そう言ってしまえば、何となく収まるように思う方々も多いでしょう。

しかし、先ほども申し上げたように未知なるものを既知の基準で判断するのは早計です。というか実はある日、保江先生から先生が昔ご覧になったという催眠術ショーのお話を聞いて、ハッと気づいたことがあったのです。このショーは術者が少女に催眠術をかけ、少女の前にはどこまでも花畑が広がり、少女は両手を広げてどこまでも歩いていけると暗示を与えます。そして彼女が歩き出したところでプロレスラーが登場して少女の歩みを止めようとする。ところが、止めるどころかプロレスラーは少女にグングン押され、遂には壁際まで押し込まれて冷や汗を流す始末だったとのことです。

この話を人にすると「そりゃ催眠術にかかっているのだもの」と一応は皆納得します。が、少し待って下さい。たとえ催眠術がかかっているといっても、なにもその少女がプロレスラーになったわけではない。少女は少女のままのはずです！

なのになぜ⁉

私は催眠術について、今までこのように考えたことはありませんでした。たとえば術をかけて「美味しいりんごです」と暗示を与え、玉葱を齧らせるというのはわかる。本人の体格や力はその行為に関係がないからです。しかしこのケースは……誠に不思議なことが起こっているに違いないのです。

「時間」と合気——リベット博士の学説——

プロレスラーと少女、もし双方の力がぶつかっているのなら、少女はひとたまりもなく押し返されたはず。ということは……そう、実は力がぶつかっていないのではないか！

しかしなぜ⁉

考えられることは、ただ一つ。それは、時間的に両者の間にギャップがあるのではないか。そう思い至った私はベンジャミン・リベット博士の『マインド・タイム』（岩波書店）を購入し精読してみました。するとそこには我々には信じられないことが書かれていたのです。

リベット博士が実験によって発見した驚異的な事実の要点は、次の二点です。

一　我々の脳は各感覚器官からの刺激を分析し意識に上らせるのに0.5秒かかっている。しかしその刺激を意識に上らせる際に脳は時間的に逆行し、さもその刺激を受けたと同時にそれがわかっていた如く捏造する。

二　我々が何らかの行動をするように欲するとき、自分がそう思って行動しているように思っているが、実は脳が無意識下にその行動を行う準備をし、それが終わってから「それを行いたい」という意思を意識化させる。その間の時間も0.5秒。

実は、我々が事を意識するのに0.5秒かかるというリベット博士の学説は、ある武術書にも紹介されており知っていましたが、脳による捏造や上記二つのポイントについては言及されておらず、『マインド・タイム』を読んで初めて知りました。しかしいずれにせよ、これは我々の常識を覆すとんでもないことです。そしてこの二点から私は「力と力がぶつからない」タイムギャップをイメージすることができたのです。つまりこういうことです。

催眠術によって目の前には花畑しか見えない少女は、プロレスラーが立ちはだかっても我関せず。そのとき、彼女の動きはプロレスラーの脳の処理速度より早く（行動のスピードが速いという意味ではない。ここに武術の「速さ」とスポーツの「スピード」の違いがある）伝わってしまう。それ故にプロレスラーはその動作に抗えないどころか、なぜかその動きにシンクロしてしまったと考えられるのです。

私はこれに考え至り、次のことに気づきました。つまり我々の認識が脳の機能上の問題で真の「今」を認識できずにいるということは、普段の我々の行動や格闘技の攻防に至るまで、それが意識的に行われる以上、「過去」の出来事でありながら、そう思わない一種の「約束事」になる。ということは、この「約束事」を破り相手に全く取り合わない動きをすることで、合気現象は立ち上がるのではなかろうか。

そして、より驚くべきことに……片方が普通モードの約束事を破って相手に働きかけたとき、なぜか相手は迫りくるその「掟破りな動き」に（本人の意思には関係なく）シンクロしてしまう。まるで我々の脳に由来する「自我意識」を放っておいて、その奥に存在する「魂」とも呼べる高次の存在同士が、仲良くフォークダンスを踊りでもするように。だとすれば、力同士がぶつかるわけもない。いや、ということは……そうか！

「力」つまり「筋力」とは、約束事の世界にのみ通用する自我同士の「申し合わせ」なのではないか！

念流「過去の術」とエデンの園

そんな思いに至った頃のこと、大東流を修行される玄学家・大宮司朗氏の著書『古武術と身体——日本人の身体感覚を呼び起こす——』（原書房）に触れる機会がありました。その本によると、「鎌倉時代の僧・慈恩によって創始された古武術・念流とは、過去の術という極意を持ち、敵がこれからどう攻めてくるかを事前に察知でき、まさに無敵であって人々から魔法と呼ばれた」（原文のままではない）とありました。そしてその伝書の名を「念流正法兵法未来記」というのだそうです。

このときピンとくるものがありました。先ほどのリベット博士の学説を基にこれを解釈すると、なかなか面白いものが見えてきます。我々は時間流の中では「今」にしか存在し得ません。どんなに近い未来でもまだ起こっていませんし、どんなに近い過去でももうありません。それなのに我々が脳の機能的な問題からお互い約束事として0.5秒過去を「今」と認識しているとすれば、確かに何らかの方法で真の「今」に立った者にとっては普通の人は過去にいるに等しく、その行動は事前に読めるでしょうし、また普通の人から見れば念流の達人は未来にいることになります。ですから、この念流が残している事柄は合気研究にとっても非常に示唆に富んだものといえるでしょう。

しかし鎌倉時代に時間のギャップを知るとは……先人の知恵の鋭さには誠にもって畏怖の念を禁じ得ません。さらに大宮司朗氏の著書によれば、念流から十手術が生まれ、かの宮本武蔵の父・無二斎はこれの達人だったことを挙げ、父から念流の教えに通じる技を武蔵が学んでいた可能性を指摘しておられます。私はそれ故に武蔵が有名な「三つの先」を悟ったのではないかと思います。

「先」とは決して敵よりも速く動き勝負を決するなどというようなスポーツ理論的なものではなく、要は「今に立つ」ということだったのだ。これによりたとえ敵が先に動こうが、そして今にも自分が斬られそうになろうが、時間そのものが異なるのですから、敵はわけがわからぬうちに（あるいは勝利を確信しつつ）武蔵の反撃に遭い絶命したのでしょう。恐るべき術です。

さて、ここから話は全く匂いの異なる方へ飛びます。それは「キリスト教と合気」の節で語ったことに関係いたします。見てきたように人間の認識できる世界が半秒遅い原因は、脳にあります。ところで脳とは我々の知恵を司る器官。ここにおいて旧約聖書の「創世記」の記述が不気味な迫力をもって迫ってくるのを感じるのは私だけでしょうか。

善悪を知る、つまり知恵の木の実を食べる前は、人は神とともにエデンの園にいた。これ即ち宇宙の摂理とともに「今」にいたことを示しています。それが木の実を食べ知恵を得たばっかりに、つまり脳を由来とする行動に出たばかりに「今」なるエデンを追われ、過去に遅れ悩み、そして苦しむ……そう考えられないでしょうか。しかしながら、もしそうなら……めくるめく時間の流れの中、「今」は実はそのつど我々の前にやってきてくれているのです。だからこそ武蔵の「三つの先」も成り立ち得る。

「悔い改めなさい。許しはそのつど父から与えられているのだから」

キリストもそう言いたかったのではなかったか。そして思考を消去することでエデン即ち「今」に立つことにより、脳の支配する過去の認識世界に喘ぐ人達の抵抗を取り去り、（武蔵のように刀で斬るのではなく）魂のシンクロを呼ぶのが合気の術だとすれば、それはまさにキリストによって神の世界に自らを導く業《わざ》だといえるのかもしれません。

そういえば日本でも大東流は古来「惟神（かんながら）」の武術、人為を廃してただ惟神の業を体現するを本懐とすると聞いたことがあります。「キリスト教と合気」の節にて同じく申し上げたように、キリストが「人に言えば人の報いを受ける」とは、つまり普通状態でのお互い遅れた人間業での攻防を指しているように私には見えます。

「だから人に告げず父に聞いて頂くようにしなさい」

まさにここに、合気の極意がある！

そう思えるようになりました。もしそうなら、我々をそのつど許そうとされる神の愛に抗い、これまたそのつど我々をして知恵の木の実を食べるようにそそのかす「蛇」とはいったい何者でしょうか。そして性懲りもなくその甘言に乗る我々人間とは……。

型からの気づき

以上述べてきたことを踏まえ、さらに気づいたことを紹介します。

ある日のこと、少年部の型の指導をしていたときに「もっと気合を入れて力強くやりなさい」と子ども達にハッパをかけました。ところがその日に限って、今自分が言ったセリフに急に違和感を感じました。その違和感の正体をつかめず家路を辿っていたときに「待てよ、型を力強くとは、どういうことか?」と思い至り、その場で立ち止まって右中段正拳突きを「フンッ!」とばかりに空突きしてみました。

そしてわかったのです、違和感の正体が！

拳を脇に引き、そこから一気に腕を伸ばして前方中段を突くわけですが、腕が動いている間は当然のことながら力感覚はありません。ではいつ力感覚があるのかといえば、それは突き終わって動作が止まった後なのです！

腕が伸び切った後でいくら力んでみせても、その行為に何の意味があるでしょう。いうまでもなく、突きは腕が伸び切る前に相手に当たらなければ全くの無意味。その他、その場でいろいろと型の動作をしてみましたが、どれもみな力感覚を得るのは動作が終了してからでした。なんということでしょう。今まで私は動作が終了してしまったいわば技の死骸に力を入れて汗をかき、それで稽古をしたつもりだったのです。ところが……。

ここからが我ながら合気を知る以前の自分とは違い、以下のように考えが進んだのです。

突きが動いている途中に力感覚を伴わないのは、空間を突いているからだ。つまり障害物は何もない。しかし組手においては当然、突きは伸び切る前に相手に激しく当たる。この瞬間、力感覚を与えられる我々はそれ故になお一層力をこめて相手を突き込めるのだが、もしこの感覚も脳の作用による約束事だとしたらどうだろう。

突いた方も突かれた方も、0.5秒遅い過去の攻防におけるお互いの脳による捏造感覚に（それが捏造と知らないという意味で）満足しての攻防ということにはならないだろうか。そしてこのことが全ての格闘技にいえるとすれば、ひょっとして……我々は、我々が気づかぬうちに脳が無意識下で作り出す「約束事」の上に相手とともに格闘していることになってしまう。いや、それは格闘に限らず、日常の一切の立ち居振舞いにおいてさえ。

ということは「型」とはもしかすると我々にその事を告げるために、先人たちが心血注いで作り上げたものではないか。言葉、つまり論理で伝えることができないことを伝える、まさにそのために……この「型」の持つ深い意味を知るために、そうです！　合気の体験がとても重要でした。

今まで論じてきたように、合気では相手との力のぶつかり合いは発生しません。相手がいても（時間的なズレで）ぶつからないということは、たとえば空手の組手において相手がいても我関せずの動き、即ち虚空を突く「型」を演じることができるということに他なりません。そのとき、通常モードの相手の脳が型どおり（即ち掟破り）の突きの動きを処理できぬうちに、相手の身体はその突きの動きを妨げないようシンクロを起こし自らの脚の力を萎えさせて倒れ込む。そう、まるでプロレスラーと少女のときのように。

これがあの「突き倒し」の真相ではないか。

だが、合気を知らないうちはたとえ型どおりに突こうとしても相手に接触した段階で手応えを求めてしまい、その故にたちまち脳による約束事が成立する過去へと戻っていってしまう。これが私のしてきたことの正体だったのか……ところが保江先生により合気を受けた私の身体の奥の深い部分が「違和感」という手段で私自身にそれを告げてくれたのかもしれない。

正拳中段突き。空手における最も基本の技が……その時間おそらくコンマ数秒の短い世界での出来事をとおして私に教えてくれたのか！　実に、これだけの貴重なことを。

さて、この章の終わりが近づいてきました。

「人形化は正しいか」……確かに、今まで見てきたように武道の攻防においては、それが柔道のように投げ技系であれ、空手のように突き技系であれ、合気をかけられた相手が何の抵抗もできずに投げられまた倒される現象を端で見ていた人にとっては、まさにそういった表現がピッタリくる印象を持つでしょう。いや実際、確かに「人形化」されてしまうのです。ただ……。

人形化は合気をかけられた「結果」であって、なぜそうなるかを語るものではありません。しかも合気上げに見られるように、反対に相手の力が入ってしまう現象を同じ原理の作用として表現することにも無理があるように私には思われたのです。それ故ここでは「シンクロ」という言葉を選びました。これなら合気によって起こる相手の全方向の動きに対しても通用する表現だと考えたからです。

　つまり（脳に由来する自我意識を基にしない、それより高次の存在を基にする）合気の動きにシンクロするために、相手は、あるときは「人形」になり、あるときには「フォークダンスの相手」になり、そしてあるときは「バッタ」のようになるのだと、私はそう解釈しております。

　次章では、合気の実際の方法論でわかった（と思っている）部分を具体的に述べようと試みます。といっても合気は肉体の技、つまり動き方のテクニックではありませんから、いわゆるコツのようなものはありますまい。自分が気づいた（合気が発生しやすいという意味での）動き方も、実にシンプルなものではあります。しかしそのシンプルさの中に「不動の動」や「動の居着き」という、一見その違いは外からでは決してわからないが全く似て非なる概念の発見がありました。併せて説明を試みます。

極意へ――合気の実際――

手首の固定――脳をだませ――

リベット博士は実験によって、我々があたかも自由意志によって行動しているように見えても、実はその自由意志が意思として認識される0.5秒前から無意識下で我々の脳が準備した結果にすぎないことを発見されたと言います。もしこれが事実なら、たとえば殺人事件における犯人の責任はどう解釈されるのだろう。『マインド・タイム』にはそれに対する博士の考察も述べられておりますが、合気研究からは話がそれますのでここでは言及しないでおきます。

さて合気の研究における一連の気づきや考えから、私は一つ面白いことを思いつきました。「我々の脳が我々の知らぬうちに我々の意識（心）を支配しているというのなら、その脳に嘘の情報を与えることで逆に脳をだませないか」というものです。

そして、さっそくあることをやってみました。

坂道を登る際、立体写真を見るときのように目を寄せ目にして足もと一メートルほど先を見ますと、まるでフラットな道か、場合によってはむしろ下り坂に見えます。そこで人通りの少ない真っ直ぐな坂道を選んで、その半分までは普通に登り、途中から寄せ目にしてみたのです。するとどうでしょう、今まで感じていた「疲労感」が嘘のように消えただけでなく、走り出せそうな気さえするのです。それで実際走ってみると、これが走れるのです！

しばらくの間この実験にやみつきになり、わかったことは以下のとおりです。

一　身体的には反応が出る。つまり心臓の鼓動は早くなり息も上がる。発汗も伴う。しかしそれでもなお疲労感が現れない不気味なミスマッチ状態になる。
二　目を閉じても疲労感を消すことはできない。やはり視覚をとおして偽の情報を脳に与えなければだませない。

これらのことから少なくともわかることは、「疲労感」というものが脳による捏造だということです。これで「約束事の世界」ということがよりハッキリしてきた私は、保江先生のアドバイスよろしきを得て、もう一つ実験をしてみました。それはガムテープで両手首をギブスのように堅く固定し動かぬようにしてから、その状態で合気上げをするというものです。

まず、この方法で手首を固定しますと、大きな違和感を感じます。実はこの違和感の意味するところが大切なのだと後に考え至るのですが、それは後述するとして、とにかくこの状態で合気上げを行いますとビックリするほど簡単にスイスイ上がるのです！

ところが……数回これを続けますと、やがて突如として上がらなくなってしまうのです。「おや、おかしいぞ。どうしてだ!?」と思えば思うほど、全く上がらなくなってしまいました。やはりこんな方法ですぐに身につくほど合気は甘いものではなかったのだ。自分の浅はかさを思い知ってこの実験を終了するために手首のガムテープを取ろうとしたとき、ある事実を知り愕然としたのです！

人間の性（さが）――0.5 秒の蛇――

私の両手首をガチガチに縛っていたはずのガムテープは何と、たった数回の合気上げのうちにユルユルに緩んでいた！　もちろん、自分では手首を動かそうとしたつもりはありません。それなのに、脳は無意識下でガッチリ固められた手首を何とか動くようにしようと私の手首をもがかせたのです！

全く、気づかなかった……そして手首が動くようになったとき、合気は消えたのです。

何ということでしょう、これほど固めていても無意識に緩めてしまう「性」を持った我々が、いったいどうやって……固定しない手首を動かさずにおれるというのか。しかも武道の攻防の激しい動きの最中に。

無理だ、不可能だそんなこと！

絶望感に打ちひしがれながら、ガムテープを解きました。両手首を縛ってはいたが、今はユルユルに伸びてしまったその二本のガムテープは、非常に象徴的な表現を許して頂ければ、あたかも二匹の蛇のように私には見えました。アダムとエバをそそのかした蛇、キリスト教において人間の「原罪」を生ませた蛇。

思えば「寄せ目」にしたって四六時中そんなことをやってはいられないのだ。全ては虚しい努力だったのだと、このときはさすがにそう思いました。しかしながらこんな馬鹿げたように見える行為にも、その中に偉大なヒントが隠されているものです。しかもそれは馬鹿になってとりあえずやってみないことには絶対わからないものです。どんなことでもまずやってみることがいかに必要不可欠かと、後になって痛感する事態が起きます。というよりも、これらの実験こそがその事態を呼び込んでくれたのだと、私には思えるのです。

見えざる「神の一回転」

そんな中、私は某大型書店にて何とはなく本を見ていた折りに、そこで保江先生の『合気開眼』に次ぐ運命の書と巡り会うのです。それは大人のための数学パズル本で、その中に以下のような問題が載っておりました。

「歯の数八本の歯車と二十四本の歯車が噛み合っている。今、大きい方の歯車を固定し、小さい方の歯車が回転しつつ大きい方の歯車の周りを一周するとき、何回転するか？」

簡単な問題です。こんなの三回転に決まっていると思い、解答を見て驚いてしまいました。なんと正解は四回転！

「え、どうして!?」

そしてその解説を読んで納得できたとき、突然今までの全てのことが結びつき、一気に合気の原理がはっきり見えたのです。こんな、武道とは何の関係もないパズル本の一問題にまさか合気の原理を垣間見るヒントが隠されていようとは、誰が想像できたでしょう！

さてその運命の書、谷岡一郎氏の『脳がよろこぶ思考力アップ！　パズル』（ＰＨＰ研究所）の解説には次のように説明がなされていました。

「小さい歯車は大きい歯車の周りを一周することで、既に一回転している。それ故三回転にその一回転を足さなければならない。わからない人は試しに十円玉で実験してみればよい。片方の十円玉の周りをもう一方を回転させながら一周させると、半分きたところで既に一回転してしまうことがわかるだろう……」

実験などせずとも、私は即座に理解しました。そうか、たとえば月はいつも地球に同じ面を見せて地球の周りを回っているが、その動きの中に月自身の一回転の自転が含まれているというわけか……と思った次の瞬間、「アッ！」と悟れたのです！

そうか！　我々のお互いの力がぶつかるとは、力と力が全く正反対の方向に直線的にぶつかっている状態なのだ。これはお互いの脳による約束事をお互いが見事に守っている状態。しかし、もし片方の動きが他方の力の方向とは（一見正反対の直線運動に見えて）実は異なる回転運動が含まれていたとしたらどうだ（相手の力の方向をいなすという意味ではありません。ある動きの中に全く異質の動きが内包されているにもかかわらず、見かけ上それが見えないという状態のことを言っているのです）！　おそらくその動きは脳による約束事を破り、相手の動きにシンクロを呼ぶのではないだろうか！

我ながら実に偉大な気づきでした。次の日、私は往診先の高校一年生の男子に早速実験してみることにしました。この日、おそらくこれから起こることは、まさに神によって用意されたものだったのだと今でも思うのです。

まず、訪れた先はというと、ご住職の奥様の目を治して差し上げたご縁でお付き合いさせて頂いている、長い歴史を持つ真言宗のお寺。本を見ていたときに久し振りに連絡があり、奥様の治療にきてほしいとのこと。そして翌日伺って聞けば、次男が通う全寮制の高校と馴染めず、家に帰ってきてしまったとか。

千載一遇のチャンスとはまさにこのことでしょう。なぜならそれは……まずはその次男坊への何らかのアドバイスが先決。だがどういう？

いや今、我には「見えざる神の一回転」あり。私の腕が上がるとき、その中に内包される神の回転！　そうだ、合気上げをかけてあげよう、息子さんに。

　成功して上手く合気がかかれば、脳の反応は一瞬消され、気分がリセットされるはず。そして何より、こんな不思議なことがあるのかという驚きの心こそ、言葉によるアドバイスなどより数倍彼の魂を救うことができるのではないか、あるいは！

　その古寺にいまします御仏の慈悲の魂よ、どうか、成功させたまえ！

合気、開眼！――不動大示の悟り――

その古寺は、昭和三十一年以来の大きな建て替え工事に入っていました。各地から集まった宮大工の方々と京大の研究チームが携わる大工事。それで、いつもとは違って奥の厨房にて治療を行うことになったのでしたが、その前に。

　何が始まるのか理解できない奥様。言われたとおり、必死に私の両人差し指を握り身を乗り出して体重をも思い切りかけてくる次男坊。そう、手首で上げるのももどかしく感じた私は指での合気上げを選びました。

　ところで、私は合気上げの稽古をとおして、一つわかっていたことがあります。一度でも合気上げで立ち上がった経験のある人は立ち上がりやすくなるということを。だから何の予備知識もない、

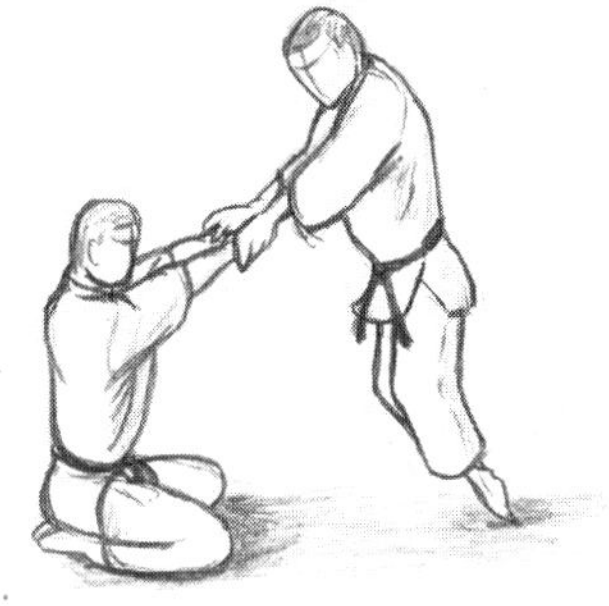

合気上げ

どんなことが起きるのかも知らない人が力と体重をフルにかけて押さえつけている状態で立ち上がらせてこそ、初めて合気開眼になると。

見守るご両親と三男坊。たまたま入ってきて何が起こるのか凝視する作業員の男性。しかし周りの人たちの気配はスッと消えていき、そこには男が二人だけの世界となりました。いや、我々の周りには不動明王様や如意輪観音様など、無数の御仏に仕える尊い存在が、固唾を飲んで見守って下さっている気配は確かにあった！

そのおかげで、私は身体の全ての力を抜いてしまうことができたのだと思っています。そうだ、御仏に委ねよう。どうせ人の力など、たかがしれているのだから。すると、腕の力が抜けていくにつれて不思議に相手がかけている指への圧力も消えていきました。

「今！」と思う間もなく腕はゆっくり上がり、その次男坊はむしろ私の腕が上がるより早く跳ね飛ぶように立ち上がりました。

まるで夢を見ているようなひととき。合気、開眼！

我々が（周りの人も含めて）我に返るのに、しばらくの時間が要ったようでしたが、よくは覚えていません。しかしこの次男坊は大いに驚いたらしく、のみならず曇っていた目がキラキラと光り輝きだしました。興奮覚めやらぬ雰囲気の中で奥様の治療を済ませ、帰宅後に先方様から「久し振りに親子で美味しい夕食を笑顔で食べることができた」と伝えてこられたときには、私も本当に嬉しかった。そしてこのささやかな出来事が、自分にとっての合気の原理と、保江先生から教えて頂いたことに対する真の理解を促してくれたのです。

では以下にそれを述べましょう。

大東流合気柔術には古来より「不動大示」という口伝があるそうです。不動とは動かぬこと。動かぬことを大いに示すとはどういうことか。前章でも書きましたが、そもそも合気現象を起こさせるには手首の動きを封じた方がやりやすいのはなぜか？

それはおそらく、人間が直立歩行を選んだとき、前足は腕、そして手に変化し、人間らしい仕事ができるようになった。しかし同様に、特に手首の動きに対して脳の自動制御がよく及ぶようになった。我々の普段の生活でもよく経験しますが、重たい物を持つときに限らず、引出しを引くとき押すとき、窓を開けるとき閉めるとき、その他手による全ての動きの際によく見て下さい。我々の手首はそのつど微妙な動きをしています。だから、ここをガムテープなどで固定すると少なからず違和感を与えられますが、それは無意識下での脳の混乱を、我々が違和感として感じているせいだと思われます。だからこそ、脳は我々の知らないところで必死に手首を動かしてテープを緩め、再び手首を自分の支配下に置こうとします。

ところで、私は先に述べたパズルによって一つの動きの中に他の動きが潜むことを発見しました。つまり、ある動きをすることで、それが同時に他の動きを内包するわけですから、その「他の」動きをするためにわざわざ動く必要はないと悟れたのです。これが「不動大示」。

天体は生物ではありませんから自らは動かない。しかし宇宙ではその天体を美しく動かす法則とその裏にある摂理があります。それなくしては天体は動かないでしょうが、逆にいえば動かぬ天体なればこそ、摂理を動きによって表現している。そしてその動きの中には必ず見えざる「神の一回転」が潜んでいます。月は地球の周りを一周することで同時に一回転します。これを今度は月を中心に見ますと、月の周りを地球が回るように見える……いや実は見えざる一回転が逆に働くために地球は止まって見える。宇宙空間においては全ての動きを相対的に置き換えてみることができます。しかしこの場合も、地球は月の周りを一周することで、やはり見えざる一回転をすることになります。

これに思い至ったとき、「ああ、普通に動けばいいんだ、そうすればその中に必ず別の動きが含まれる。なぜなら基本的に人間の身体は関節と筋肉で動く円運動なのだから」という一種の安心感が、合気上げにおける自分の手首の不必要な動きを劇的に止めたのです。不動といっても身体は動かします。ただ、筋肉は動かしたい部分を「動かす」ためだけに使えばよいのであって、力を出す必要はないのです。

普通の方々は「押さえつけられているのにどうして筋力なしで動けるんだ」と考えるでしょうが、見えざる一回転により合気がかかればどのみち相手はシンクロを起こしてしまいます。合気を知らない方々はこの現象を理解できないだけなのです。だからこそ筋力を使って何とかしようとして過去の世界の約束事の直線運動へと戻っていく。そして動きが取れなくなる。これを「居着き」というのです。

元々含まれている動きをわざわざしようとして脳をとおして人為的に別行動に打って出る。そしてぶつかって居着く。これが「動の居着き」。天体のように自らの作為を除いてただ動くことで天体を動かす摂理に委ねる。これが「不動の動」。

故に、「不動」とは筋肉を、ただ身体を動かすためにだけ使うこと。決して「じっとしている」ことを意味はしないのです。そして身体を動かすのに筋力を使ってしまうことを「居着き」と呼び、

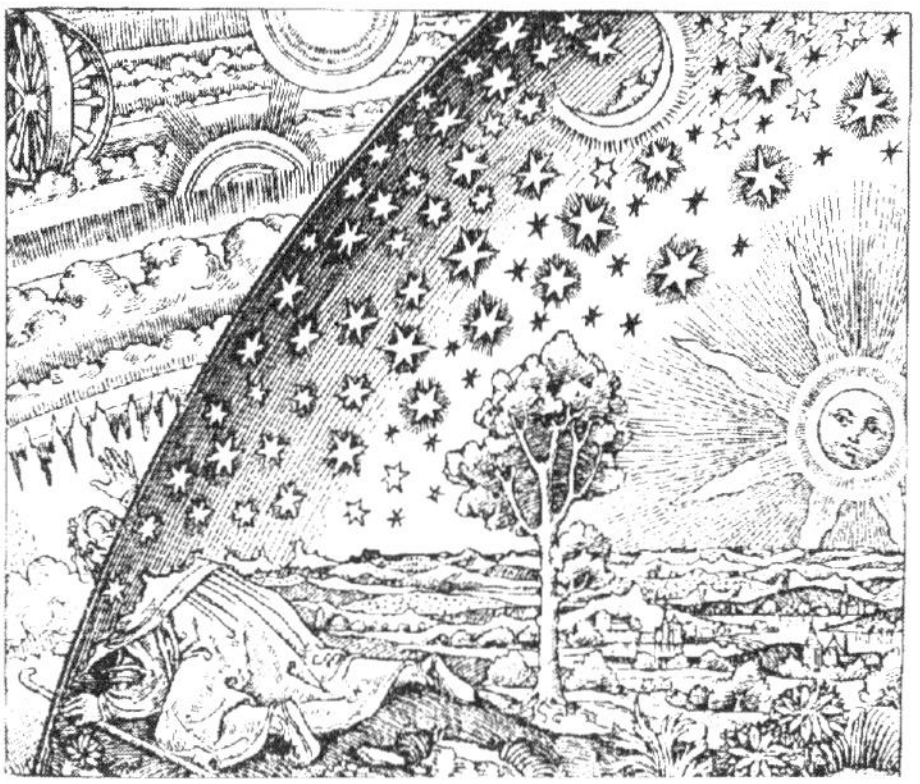

「神の一回転」を悟った瞬間の修道士を描いた中世の挿絵

動こうとすればするほど膠着して動けなくなるのです。
神の一回転をそのまま使うのです。これ即ち「不動大示」。私が至った合気の原理。

合気現象表現の差異とその一致

「不動大示」という言葉は、前述の大東流を修められた玄学家・大宮司朗氏の著書に紹介されていたものです。私は確かにこの理合を悟り、保江先生とはまた違った心法にて合気上げが可能となったように見えますが、実は同じなのです。原理というものは、形なく目には見えないもの。それをあえて口頭で説明しようとすれば、人それぞれに違ってきて当然です。いやむしろ、もし幸運にも原理の一端に達したならば、同じく達した方々の仰る異なった表現が実は同じことを指していると悟れることで、自身の到達が本当かどうかを判定できるという利点がある。

面白いことに、嘘はすぐわかります。それで思い出すのは数年前のこと、近藤孝洋という武術家の方が書かれた『極意の解明――一撃必倒のメカニズム――』（愛隆堂）という本です。まだ合気のことが全くわからずに悶々としていた頃に読んだせいか、とんでもないことが書いてあるなあと、ただ理解に苦しむだけでした。その本には、以下のようなことが書かれていたのです。

「人の体は三つある。肉の体（肉体）、気の体（メンタル体）、そしてアストラル体。極意とは……まず肉の体、完全停止。次いで気の体、完全停止。さすればアストラル体から発せられる気よりも微細なエネルギー「神《しん》」が作動。この神《しん》はその微細なるが故に絶対に祭知されぬ。その見えざる、感じざる神《しん》を使って技をかけることこそが極意！」（原文のままではない）

今となっては、この武術家の方に頭を下げるしかありません。そのとおりなのです。「不動」即ち肉体の筋力を完全に捨て（つまり「肉の体、完全停止」）、心の動きを封じ（つまり「気の体、完全停止」）、自分を天体の如くに「ただ在る」状態にしたときにこそ、その天体を「内包される見えざる動き」と共に動かしあそばす神《かみ》の摂理（つまり「神《しん》」）が人の身体を動かす。このとき筋肉はただ身体を動かすためだけに収縮し、筋力は発生させない。これで合気現象が起こり、相手の身体はシンクロを始める。

この状態において最も特筆すべきことは「力がぶつかっていない」こと！

即ち、これこそ保江邦夫先生が仰る合気の原理そのもの！


「私にとっての合気の原理とは『汝の敵を愛せよ』、ただこれだけ」


敵を愛し、敵を敵視しない者にとって、どうして衝突が起こり得るでしょう。しかし中にはこう仰る方々もおられるでしょう。

「無抵抗でいても一方的にやられてしまうだけだ。第一こっちがいくら相手を愛しても、向こうがこっちを愛してくれるとは限らない。そんなときはどうするのか！」と。

間違ってはいけません。合気は武術の（テクニックではないが）れっきとした「業」。精神論などでは断じてないのです。

合気現象の経験がない方にはわからないのも無理からぬことですが、実際にこの境地に至れば相手はシンクロ運動を起こしてしまうのですから、仕方がありません。それを、その事実を、保江先生の表現をお借りすれば「残り0.00001パーセントの疑いもなく」確信、というより「醤油レベル（笑）」にできたときにこそ、合気は開眼するのです！

間違いは、ありません！

最後の疑問――永遠の旅――

完璧ではないが、人は指一本で上がるようになり、突き倒しもできるようになった。

しかし……私の到達した「不動大示」は、接触の合気です。相手のシンクロを呼び、あるときは人形に、またあるときはバッタのようにできるのも、それはあくまで身体の接触をとおしてのことです。

接触することで「見えざる動き」に判断できなくなった相手の脳が無意識下でパニックを起こし、しかしその間にもどんどん変化してくる動きにどういうわけか、とりあえず同調してしまう。いってみればこれが「不動大示」のカラクリです。

しかしながら、我が動きに相手の脳が判断躊躇を起こしてくれる0.5秒内での時間差が、この方法では発生します。ですから合気上げのときには（自分の動きは滑らかですが）相手はほんの一瞬ですが身体がビクッと（驚きに似た）反応を見せ、次の瞬間から立ち上がる場合が多い。また、突き倒しでも拳があたって少しの「ス」のような時間のズレの後で倒れ始める場合があって、これなど一見周りで見ている人にとってはヤラセに見えることでしょう。

しかし自分レベルではまだときとしてではありますが、時間差無しで技がかかることもあります。これは自分の動きの前に既に合気がかかっていることを意味しますが、これが……わからないのです、未だに。

保江先生の技を見せて頂いても、時間差は見受けられない。いや、それどころか、保江先生は相手から離れて合気をかけられたこともあると聞きます。

わからない！

これだけはまだ、本当にわからないのです。ただ、これだけは言えます。

どうにか合気の入口に立ち、その門を幸運にも開けて頂けた自分にとっては、もはや不思議がることはないと。おそらく、もっと深い摂理があるのだろう。生きている限り、ずっと道は続いていくのだろう。ゴールのない道。

少しずつ、歩んでいけばよい。なぜなら、もうここまできたのですから。ここまでこそが、無限飛躍だったのですから。

望むべくもないことでしたし、とても信じられないことです。ただ……できればこの原理を一人でも多くの方々に伝え、また伝えることで自分自身もさらに精進したいと願っています。その理由を「後書き」に述べながら、拙い文章にて綴ってきたこの「合気私考」をひとまず終えようと思います。

第一部への後書き

武術の本懐は、敵に襲われたときに自分の身を守れること。

この一点、ゆめゆめ忘れることなかれ！

我々フルコン空手は、そのときのために膨大な汗と血を流してきた！　また、古武術や中国武術の秘術を求め、必死に努力してきた者達もいる！

いっておくが、俺達は強い！

そう、修行浅く合気で敵から己の身を守れないなら、武術としては我々の方が遥かに上。

しかしながら……もし合気を真の意味で身につけたなら、素晴らしいこと。なぜなら、合気は人を傷つけずに勝ちを収めることができる。それ故に遺恨も残さない。相手を殺傷する技である限り、近代武道の体重や筋力も古武術の秘術も中国の発勁も、合気とは根本的に異なった技術だったのだ。

だが、それだけではない！

これまで見てきたように、合気の技が相手の脳の活動を狂わせることに由来するならば、この技の中に新しい立場での東洋医術の理合を見る。その、新たな可能性を。

痛みとは何か？　不調とは何ぞや？　それは我々の身体が放つＳＯＳ。そしてそれは、脳を介して感覚される。しかし、もしこの感覚を脳をだますことで軽減できれば、それは「痛み止め」。そればかりか、もし心因性の内臓疾患であれば、脳をだますことで逆にそれを治療できる可能性が見えてくるではないか。今までの東洋医術とは全く異なる理合！

私はそれを問いたい！　それこそ、私が合気修行の果てに見ているもの！

そしてもしそれが可能だとしたら、一人でも多く現在治療の立場にある人に伝えたい。

五年前、私は癌で父を亡くしました。数々の難病を治すことができた私の武術活法も、この病の前には無力でした。だが諦めはしない！　保江邦夫先生の師である隠遁者様は、その祈りの力で癌をも癒したというではないか！　ならば自分はあくまでも保江先生の「冠光寺眞法」合気修行者として、是非ともその境地をつかみたい。それができるのは冠光寺眞法しか、ない！

敵を作らない、それ故に「無敵」である合気。その合気を、人間にとって最も恐るべき敵にさし向かわせること。

もちろん、そんなことができるかどうかはわかりません。しかし、それを達成でき、その技術を皆と分かち合い、それを使える多くの治療者が世に出ることができたときにこそ、私の中で、あの尊い言葉が成就するのです。

「合気を知りたいのか。それなら私が合気を教えてあげよう」(イエス・キリスト)

炭粉、その後

ある日のこと、保江邦夫先生から連絡が入りました。

「君の『合気私考』を世に出してみないか」と仰るのです。私は大いに驚きました。

この「合気私考」は元々私が合気の一端に至ることができた今年の二月、急に凄まじい恐怖感と孤独感に襲われた際、精神的にバランスを保つために今まで行ってきたことを憑かれたように書き殴ったものでした。それを保江先生に読んで頂くことで自分の心を救う何かを得ようとしていたのかもしれません。それ故に、この文章の中には敢えて私がその後味わった恐怖については言及しておらず、もしこれを先生のご指示どおりにするとなれば、その一件をも加筆するべきではと考えました。

合気は……人間の技ではありません。

神の業なのです！

その一端を使えるようになったとき、私のような無神論者でもいわば強制的に神の摂理が確かに存在している事実、いや真実を胸元に突きつけられるのです。その恐怖感！　そして誰にも言えない孤独感！　寝ようと床に入っても、しばらくの間膝がガタガタ震えるという状態が一週間ほども続いたのです。

しかしながら保江先生の指導宜しきを得て、徐々に日常を取り戻してゆくことができました。そこで、思ったのです。

合気は相手の意志にかかわらず、相手をこちらの動きに同調させてしまいます。だからこそ合気には何の筋力も必要はありませんが、しかし相手の同調を呼ぶためには、とりもなおさずまず自分が合気モード（即ち心から全ての敵意・対立を捨て去り、肉体の筋力を放棄し不動となる）にならなければなりません。そしてその状態からの動きであれば、それが如何なる動きであっても相手が意志とは別にシンクロしてくれる事実は、ある崇高な真実を我々に教えてくれるのです。それは……

「自我による思考さえ納めれば、人の魂とそれにより導かれる心は『善』なり」

ということです！

これは我々人類にとって、ことによると新たな発見に繋がるかもしれません。なぜなら、我々は今まで「人類の歴史は戦争の歴史」だと教わってきたからで、事実そのとおりだと私も思っておりました。現に、この瞬間にも世界のどこかで公然と殺人が行われています。そのことに対しては「人類は初めからお互い殺し合うようにデザインされている。増えすぎないようにするための摂理だ」などという学者達の解説も受け、納得していたのです。

だが、違う！　それは違うのです！

少なくとも合気の立場からいえば、ただ同調が起こるだけの世界を出現させることは可能なのです。

確かに、お互いに柔道着を着て試合に臨み、片方が相手に合気をかけて投げを打てば、相手は飛ばされます。しかし、これは相手が投げの動きにシンクロしたからであって、逆らえない分敗北感もなく、又投げた方も勝利感などありはしません。ただ「立っていた方が勝ち、背中をついた方が負け」という人が決めたルールが勝敗を決めているにすぎません。つまり、合気とは勝敗などのステージにはそもそも存在せず、全く別次元の勝負には関係のない原理なのです。

これを基に考えを広めてゆくと……もし全人類が合気を宿せば！　ジョン・レノンが歌った「イマジン」はもはや「イマジン」でなくなるではないか！

それとも、そう考える私は彼自身も歌詞に盛り込んだように「単なるドリーマー」なのでしょうか……？

そう思い至ったとき、こんな拙文でも保江先生が仰って下さるのならと、ご指示に従うことを決意いたしました。


その後の炭粉は、毎日の稽古もガラッと変えました。型の稽古は大変重要ですが、本文にも書きましたようにたとえ相手がいても型モードを崩さないところが稽古なのです。即ち、外見や動くコツではなく、あくまで内面の状態の稽古。それがわかれば今度は型を外していきますが、先に内面ができてしまえば型に固執することはありません。重要なことは急がないこと、気負わないこと、そして諦めないこと。

さらに保江先生から連絡があり、合気の持つ心への不思議な好影響を皆に広く伝えるために合気上げを選び、それを「スマイルリフティング」と称して武術などに興味のない一般の人達の間に大々的に展開していこうというご提案がありました。一も二もなく、賛同！

縁ある人達に体験して頂き、自らもできるように指導させて頂いた結果、既に数人の若者達ができるようになりました。彼らがさらに彼らの友人に……と、どんどん輪が拡がっていくことを切望いたします。

先日、ある意味保江先生と私を引き合わせて下さった、私にとって本当に大切な方が癌でご主人を亡くされるという悲劇があり、自分の無力さを思い知らされました。「後書き」にも書きましたように、合気はこれを救えるのだろうか？

しかし､希望を持って精進することを既に誓ったのです。冠光寺眞法にはそれができると信じて。

諦めて、たまるか！

そうです、もはや……私は合気を武術云々にのみ絡めて考えることから脱却したのです。


「我々は強い！」か？


いや、もちろんそれもよい。

けれど、今私が本当に見たいもの、それは……自分にかかわって下さった方々の、心からの笑顔なのです！

これこそ、炭粉の「その後」の唯一の進歩。

発表の場を与えて下さった保江邦夫先生ならびに海鳴社、そして読んで下さった皆様、感謝いたします。誠に有難うございました。


（平成二十一年六月　炭粉良三記す）

第二部　続・合気私考

——遥か、意識の外側にて織りなされる奇跡の業——

第二部への序に代えて

平成二十年三月二十六日、私は保江邦夫先生と対峙し、初めて合気上げと突き倒しとをこの身に受けました。私にとってそれはまさに、驚天動地の出来事でした。今までの常識が、木端微塵に吹き飛んだのです。

一つ、お断りしておきます。合気についての書物などを見ますと必ずそれがヤラセ、あるいはラポールなのではないかという記述が見受けられます（ラポールとは臨床心理学用語で、セラピストと患者の間に相互を信頼し合い安心して自由に振舞え感情交流ができる関係が成立している状態を表し、転じて合気系武術に散見されるように弟子が師匠を思うあまりに技が効かなくても崩れたり投げられたりする状態に対して使われる。揶揄的ニュアンスを含む）。しかし本編を読んで頂ければ御納得頂けると思いますが、このときはまだ我々は師弟関係ではなく、それどころか私は全力で合気の技を潰しにかかったのです。

さらに同年七月十一日、まだ真の意味で納得できなかった私はそれこそ保江先生に襲いかかります。これも本編で語りますが、一切の手心など加えてはいません。だいいちそんな手心を加えるために、わざわざ岡山まで行くはずもないのです。ですから、ここで断言しておきます。

合気は実在するのです。

しかしながら（何人おられるのかは存じませんが）たとえ合気を使える方々とて、その日の調子や人との相性はあるでしょう。その意味で、私は実に幸運だったといえます。何しろ、本当に自分の意に反して自分の行動をコントロールされてしまうのです！　しかも、催眠術のように自分のやらされていることに気がつかないのではなく、それをはっきりと認識していながらなのです！

それからというもの、私は必死に考え、また実験や稽古を繰り返してきました。今ももちろん継続中です。その道すがら「ある動きの中に別の動きが隠されている」という「見えざる神の一回転」を発見し「不動大示」の悟りに至ったことは、これまた幸運な出来事でした。人差し指による合気上げの成功が私を合気の道へと招き入れてくれたのですが、これにつきましては本書第一部「合気私考」に描いたとおりです。

ところでその「合気私考」の最後に、永遠の謎として相手に触れることなくかかってしまう「非接触合気」について言及しました。こればかりは本当にわからないと。ところが、ひょんなことからその糸口をつかみ、それを頼りにかなり理解を進めることができました。それはちょうど、第一部「合気私考」の原稿が完成した平成二十一年四月以降の出来事だったため、収録することができませんでした。が、かえってその方がよかったのです。不動大示から指合気上げの結果が出せたように、この非接触合気も結果が出せたからです。

そしてそれはもちろん後ほど詳細に描きますが平成二十一年八月のことであり、ちょうどその頃に第一部「合気私考」の内容が保江先生の『唯心論武道の誕生――野山道場異聞――』（海鳴社）に巻末付録として収録されて世に出始めました。このタイミングにも、私は大いなる予定調和を感じています。

そこで、その結果を導いた一連の出来事や新たに感じ考えたことを続編としてまとめたのが、この第二部「続・合気私考」です。おこがましいことではありますが、合気を探究する方々にとって一つだけ貢献できることがあると信じて書き進めました。それは……

「合気とは身体の動かし方にあらず。それ故に非接触の術もあり得る」

という点です。

ですから、身体能力を高める稽古の延長には合気は存在しないことになります。ただし世にいう「超能力」のような類いでは決してありません。また、合気とは人間と人間との無意識下での深い感応にその核心があるため、あくまで人間同士でなければ成り立ちません。ですから物を動かせるならまさしく超能力ですし、動物をコントロールできるのなら別の技術があるのでしょう。何れにいたしましても合気と超能力とを混同してしまうことは、この道を曇らせます。

さあ、いささか長い前置きになってしまいました。そろそろ本編に入りましょう。

その前に……特に後述する「昭和町ドリーム」で描く非接触の合気に対する偉大な天啓を与えられた、平成二十年三月に保江先生からお聞きしていたエピソードをここに添え、本編の開始にしたいと思います。

＊

前に従兄弟とイタリア料理屋のカウンターでワインを飲んでいたときのことです。少し元気がなさそうだったので、活人術としての合気の効果に期待して従兄弟に合気をかけながら雑談をしていました。すると……同じカウンターで従兄弟の向こうに座って一人で飲んでいた若い女性客が突然立ち上がり、僕らの方にツカツカとやってくるではありませんか！

「え？　何か僕らが失礼なことをしたっけ？」

思わず緊張して身構えますと、その女性は何と！　空いていた僕らのグラスに、ワインを注いでくれたのです！　しかも、こう言いながら……。

「あの……、私は、こういうことなんかしない人なんですからね！　私……なんでこんなことしてるんだろ？」

合気の階梯

序節

ともあれ、何とか手首だけではなく指による合気上げはかなりできるようになり、成功率は未だに低いとはいえ割り箸による合気上げもできるようになったとき、私はこれらの技をどうにか型化できないものかと考え始めました。というのも、突き倒しは有名な蹲踞《そんきょ》相撲を応用すれば誰にでもすぐできることもわかりましたし（受は正座し、両掌を重ねて前に出してしっかり構えます。取は蹲踞になって受の掌に突きを入れます。すると受は後ろに倒れてしまいます）、合気上げに至っては立ち技であれ座り技であれ、単に押さえてくる受の両手を上げるだけなら空手の「公相君（クーシャンクー）」の型の第一動作を行えばできるからです。

ただ、前者の蹲踞突きは誰にでもすぐできるのですが、公相君による上げはやはり筋力モードが抜けていない人にはできませんから、たとえ型化しても完全に万人向き、とはいかないのかもしれません。それでも私はこの時点ではまだ、合気の型化は可能なのではないかと考えていたのでした。

　無念無想になるのは極めて難しいが、恐らく先人達は初心者が無念無想にならなくても、心がそうなったときの身体の動きに強制的にさせるものとして型を残したのではないか、と考えたからです。だから、その意味で型は「この動きは何をしているのか」という解釈よりも、動きそのものの中に含まれる「見えざる神の一回転」の如き原理こそが大切だということになります。

　ところが……やはり型化は無理だったのです。それは、本末転倒を呼んだのでした。つまり、多少とも合気を使えるようになり、その原理を技に表現できるようになれば、それが結果として型の目指す哲学に合致しはするが、さりとて型どおりに行っても合気現象は起こってくれないことでわかりました。つまり、もし公相君の第一動作で上げができたとしたら、その人は合気ができていたことになるのです、はじめから……。

　そこで、それでは同じ型の中でも蹲踞突きはなぜできるのか？　あれは型ではないのか？　だとしたらいったい何……と考えを進めていくうちに、実に面白い、そして重要な発見を得ることとなるのです。

反作用というタネ

師・保江邦夫先生は世界的な物理学者です。そこで私は蹲踞突きについて保江先生に聞いてみようと決心しました。すると先生から返ってきたお答えは……

「炭粉さん、それは力技です。合気ではありません」

というものでした。

「むむッ？　合気ではないことはわかるが……力技？　あれが??」

私はこの先生からの御返答に正直戸惑いました。なぜなら蹲踞状態で突く行為に筋力は感じないからです。どうしてあれが力技なんだろう……？

その疑問が解けぬうちに、ある会合でたまたま算数の流水算の話になりました。御存知のように流水算とは川を船が上ったり下ったりするときの所要時間を計算するものが基本。上るときには船本来の速度から川の流れの速度を引き、また下るときにはそれらを足すのですが、その問題を解いているときに突然ハッと閃いた。

「そうか！　反作用！」

私は即座に反作用を利用する合気上げに思い至りました。そして知人相手に実験すると、できる できる！　面白いほどに！　それはつまり、こうです。

たとえば合気上げの際に相手が強力に押しつけてきても私が床にめり込んでいかないということは、相手は私の身体（というより私が座っている床）から同じ力で押し返されている。誰でも知っている「作用反作用の法則」です。ということは、同じ力で拮抗している相手に床からの反作用を少し増幅して返してやれば、相手は浮き上がってしまうというわけです。

では具体的にどうするのかというと、相手がガッチリ押さえつけている我が両手首はもう絶対動かないものと諦め、それを支えに自分の腕力で（相手の手を上げようとせず）自分が下に沈むようにするのです。つまり、もし自分の座っている床が薄いベニヤ板だとしたら、相手の両手を動かぬ天井と仮定してそれを押し、自分がベニヤ板を突き破って下に落ちるようにするのです。するとどうなるか？

むろん床は抜けないわけですから、自分が（正座しているため）両足の脛で床を押した分、床からの反作用が増幅されて相手に跳ね返るのです！

ちょうど流水算で川の流れを味方につけるという下りのポイントを見たときに、それがヒントとなったのでした。この技術は実に広く応用が効き、便利なことや楽しいことがたくさんできるようになります。たとえば固いフタを開けるとき、固いドアを開けるときなども同じ理屈で、ドアなら取っ手に指を引っ掛け、引っ張ろうとせず自分が横に懸垂するようにすれば力感覚もあまりなく開けることができます。さらに手裏剣（ペンなどで代用）投げをするとき、リリースの瞬間フォロースルーを全く止めて、代わりにその重さに耐え兼ねたように腕の動きを止めると、思った以上に速く正確に飛んでいきます。

私は早速このことも保江先生に報告いたしました。すると、このときも先生は謎の教えを下さるのです。

「よく気がつきました。それが合気ではないことは炭粉さんもわかっていると思いますが、しかしそういったことを探究することも合気修行の一環です」

「ええッ？　合気でもない力学遊びがなぜ合気修行の一環になるのだろう??」

そして……それからおよそ一ヶ月半後に、私は師の教えの意味を知るのです。

師の言葉の真意――奥に潜む神秘のシンクロ現象と我の顕現――

「先生の仰ったことはいったいどういう意味なんだろう……」と私は考え続けました。そしてあるとき、仕事場の固い窓を発見した方法で開けようとしたのです。すると……窓は開かずに代わりに自分の身体が引っ張られ、まさに横方向への懸垂状態となりました。

「あれ？」

そりゃ開きません。なぜならロックしたままだったから（爆笑）！　ところがです！　このときに二回目の閃き！

「そうか！　そうだったのか！」

何がわかったのか、それは……。たとえどんな行為であっても反作用を味方につけるということは力技なのです。なぜなら、そもそも反作用を発生させるにはそれと等しい力を加えなければならないから。作用のないところに反作用はありません。だから対象が物であれば、たとえば窓の場合だとそれがロックされていれば当然動かず、逆に自分が引っ張られる。

ところがこれが人間なら……そうはならないのです！

考えてみて下さい。たとえば壁に向かって蹲踞突きをしたらどうなるか。当然自分がひっくり返るでしょう。壁からの反作用に対して蹲踞では踏ん張れないからです。しかし常識で考えた場合、たかが七十キロの人間が、蹲踞姿勢で腕だけで行う突きにどれほどの威力があるというのか。にもかかわらず、相手が人間ならば崩れてしまうのです！

さらに、反作用を利用した合気上げ（「反作用上げ」と呼ぶことにします）のときもそうです。たとえ反作用を増幅して返すといっても、この場合は七十キロもある相手なのです。もしその重量のロボットが相手なら……、とても持ち上がらないでしょう。

つまり、反作用を使うからにはそれを生み出す作用（力）を加える意味でこれらは決して合気ではなく力技なのだが、その後で相手が見せる行動は……合気によるシンクロと同現象なのだ！　そうだったのか、だがなぜだ？　なぜ単に筋力でやる場合には絶対に発生しない合気シンクロ現象が、反作用を味方にしたときには現れるのだ？

この理由こそ、合気を理解する上で大変重要なものなのですが……。その前に、蹲踞突きと反作用の関係について明らかにしたいと思います。といっても私見ではありますが。

蹲踞姿勢で突きを入れたとき、重ねられた受の両掌からの反作用を取は受けることになります。このときもしも受が壁ならば、さっきも申しましたように取はその反作用で自分がひっくり返ります。ちょうど私がロックしたままであるのを忘れて窓を引っ張ろうとしたときのように。ところが相手が人間だとそうはならない。

受は当然受け止めてもグッと押し込んでくるだろうという常識モードで反応したいのですが、取がそう反応しない（したくてもできない）掟破りが発生するために合気技ではないにもかかわらず脳の混乱を呼び、シンクロが発生すると思われるのです。また、反作用上げの場合は、取が受に対して筋力を使ってくるとはいえ、受は『自分を上げようとしているのではない』という微妙な力の印象の違いから脳が混乱し、同じくシンクロを起こすものと思われます。

ところで、ここで先ほどの窓ロック事件に話を戻します。ロックしたままなのに窓を開けようとしたとき、横方向に懸垂する形で自分の身体が引っ張られたと書きました。しかし引っ張られないようにする方法は、あります。むろん窓は開きませんが、足を踏ん張り体重をかけ、腕力にものをいわせて思い切り引っ張るのです。たとえば先ほどの蹲踞突きにしても、壁を突いたり押したりするときに少し前傾姿勢をとれば、壁から返ってくる反作用を足の接地点を頼りに踏ん張り耐えることができます。

実は、これが合気には御法度の「我の顕現」なのです！　そう、頑張ってはならない！　耐えてはならない！　だからある対象物に力を加えた場合、その対象物が絶対動かないならば、その加えた力で自らの身体が素直に動いてしまう状態でいることこそが合気モードの一種といえるのです。ところでその点、蹲踞はよくできています。なぜなら、前傾姿勢にならず背筋を真っ直ぐに伸ばしていさえすれば、この状態で壁を突いたときに壁から返る反作用に対して（たとえ逆らってやろうと思っても）ひとたまりもなく自分の身体がひっくり返ってしまうからです。

そう、だから蹲踞こそは合気の原理を探究する上での最初の扉であり、これにより「我」というものが脳によって（後付けで）作り出されるものであることを知るのです。これは同時に日本武道の「型」の持つ真の意味をも示してくれるものです。しかしいうまでもなく……これだけでは合気の扉はまだ開きません。だいいち、武道や格闘技において戦うとき、常に蹲踞の姿勢のままで行うことなど不可能。

なぜ反作用に対する抗いを捨てたときに合気現象が起こるのかという理由を把握し、どんな体勢でも蹲踞と同じ状態であり続けなければならないのです。

ともあれ……ここに至って初めて保江先生が語って下さった二つの言葉の意味が結びつきました。

「蹲踞突きは力技」

「しかし反作用を利用する方法を考えることもまた、合気探究の道」

反作用を用いる技は、そもそも反作用を生むために作用（力）を発生させなければならない。故に力技。しかしその反作用を返された相手が見せる反応は決して物体ではあり得ぬ人間ならではのものであり、合気現象が起こっていると考えられる。よって、これらを考えることは合気の探究たり得る……。

そしてこの二つの言葉が結びついたとき、「我」がどういうものであるかを精神論や道徳論ではなく身体の動きとして具体的にわかったのみならず、それを基にまだ朧気ながら師の最大の教え「合気の原理とは『汝の敵を愛せよ』というキリストの言葉につきる」の謎が、少しずつ見えてくるのでした。精神論などでは断じてない、その言葉の真の意味。そしてそれによって導かれる、争いやぶつかり合いではない「調和」。

それはいったい如何なる境地なのか？

それを精神論で考える限り何の役にも立ちません。当たり前です、いくら心で「争ってはいけない」と念じても、攻撃してくる相手に殴り倒されるだけ。

では真の調和とは何か？

それは……「調和とは何か」よりもむしろ、人間の「どこ」と調和するかということを学ばねばならないのです！　そのためには、人間の（肉体以外の）見えざる部分が少なくとも二層になっていることに思い至らなければなりません。

次節よりそのメカニズムについて、注意深く説明を試みましょう。

誤解してはならないこと

確かに、蹲踞という不安定極まりない状態で正座する相手を突くことや、反作用を増幅して返すことで反作用上げを行うとき、相手が見せる動きはまぎれもなく人間独自の反応であり、合気現象と見てとれます。しかしながら……この現象を起こさせることに成功したときに陥る落とし穴を、けっして忘れてはなりません。

まず、合気上げについて語ります。反作用返しは力技です。だから相手の押さえつけてくる手首を上げようとせずにそれを動かぬ天井と仮想し、自分が下に沈み込むようにするとき、ありありと力を入れる感覚があります。しかしたとえ一度でも真の合気上げができた人にとっては、「これは違う」ということがわかります。

なにしろ、真の合気上げは全く力を必要とはしないからです。押さえつけられているはずなのに、その圧力さえ感じない境地が実在するのです。また、次に突き倒しについて木村達雄先生や保江邦夫先生の御著書を読めば、決して突き方の方法論であの神秘の出来事が起こってはいないことがわかります。なにしろ木村先生が横で合気をかければ、どんな突き方をしても相手は崩れ倒れてしまうのです。

さらに、実際私が保江先生に突き倒されたときの先生の突きたるや、武術の深い動きや蹲踞の原理もクソもなく、只々素人の他愛もない突きそのもの（保江先生、申しわけありません！）だったのですから。

さて、これらの意味することとは何か？

お答えいたします。真の合気上げができるときに相手の押さえつける圧力が感じられないのは、もうこの時点で合気がかかってしまっているからです。このとき相手は自分では必死に押さえつけているつもりなのですが、もうすっかり狂わされているのです。

考えてもみて下さい、反作用返しにしろ、もし力を返すならその時点で力が一瞬でもぶつかり、割り箸上げなどできるはずもありません。指なら、脱臼してしまうでしょう。

では突き倒しならどうか？

試してみればわかりますが、相手に腰を落としてどっしりと構えてもらい自分は一本足で立つなどして突けば、確かに相手はバランスを崩します（まあ、これだけでも充分不思議ではありますが）。だが、足の力が萎えて倒れ込むことはありません。つまり合気による突き倒しの場合も、突かれる前にもうすっかり人形化されダメにされてしまっているのです。だから如何なる突き方でこられても倒れてしまう。

このポイントを忘れてしまうと、合気を肉体の動かし方にその発生原因を見るという最大の落とし穴にはまってしまうのです。実に、この一件があるがために、合気の型化は不可能と知りました（本当は型化できるのです。しかしそれは真の意味での型の効能が「合気が使える」ということと同等になってしまうため、それを行えば誰でも合気ができるようになるというものではない。先に述べたように、もし型を悟り合気現象を起こせたなら、それは既に合気を使えたということなのです。そして合気を使えたならば、最早型は必要なかったということになってしまうのです）。ただ、それが同じ正座した形の七十キロの重量の像には起こり得ない人間ならではの不思議な反応を起こさせるという意味で、正座対蹲踞の蹲踞突きだけは唯一の型化といえなくもなく、よって先ほども最初の「入口の扉」と申し上げたのです。しかし重ねて申し上げますが、その扉はまだ決して開いてはいません。

くどいようですが、真の合気とは身体の動かし方などではありません。それより以前にもう、決まってしまっているのです。だから……こういう言い方が正しいかどうかはわかりませんが、もし型によって合気を現せたとしたら、それは型の動作をする以前に合気がかかってしまったことを意味し、またそのようにすることこそが型の本義なのです！

さらにもう一つ付け加えますと、合気の技には「威力」など全くありません。皆無です！　なぜなら、合気にかかった相手の自作自演で勝手に上がり、崩れ、投げられているからです。術者の動きにシンクロするという自作自演……だから合気は究極のヤラセなのです！　ただし普通のヤラセと決定的に異なるのは……相手の意識では万が一にも「合わせて自ら崩れてやろう」などとは思っていないにもかかわらずそうなってしまう（！）という点なのです。

そう、自分の意識では毛頭思っていない。では、いったい自分のどこが（何が）ヤラセを演じているのでしょうか？　これを追求することこそが、合気探究の最大のポイントなのです。

補足

ついでに、以下のことも述べておきましょう。

私は保江先生から頂いたヒントを基に両手首をガムテープで固定すれば合気上げがしやすくなると第一部「合気私考」で書きました。これは事実です。手首の動きを封じれば合気現象は起こしやすくなる。

ガムテープのなかった昔はその知恵として「朝顔の手」といわれるように、五指を開いた形にして予め手首を固定しようとしたのでしょう。また、姿勢をよくし背筋を真っ直ぐに、というのも同じことと考えられます。考えてみれば、よい姿勢とは動きに対して最もニュートラルな体勢のことで、行おうとする動きに対して力が入りにくい。たとえば重たい物を押すには誰だって前傾姿勢となり足を踏ん張る体勢になるでしょう。まさか、真っ直ぐの姿勢で押す人はいないはず。つまり真っ直ぐな姿勢からでは力が入ならい。返ってくる反作用にも抗いにくい。

ところがそんな体勢からの動きの方が、相手が人間の場合には確かに合気現象が起こりやすくなるのだとすれば、先ほどのガムテープや朝顔の手と同じく、合気の型化の一種と取れなくはありません。しかし重ねて申しますが、合気ができるのならば姿勢は関係ありません。DVD『冠光寺眞法』（海鳴社）で保江先生がゴロンと寝転がった体勢からの諸手合気上げをなさるのを御覧になった方々もおられると思います。

そして逆にたとえ手首を固定し背筋を伸ばしていたとしても、不要な力が入っていれば（実際、人間とはよほど動くのに力が必要だとかたくなに思っていて、力が入りにくいこの体勢からでも必死に力を入れようとしてしまうのです……）合気現象は起きません。だから非常に限定的な状況とはいえ、跳ね返ってくる反作用に抗おうにも抗えない蹲踞姿勢こそが、まあ、一番合気を経験するにはよくできた型だと私には思えます。しかし、しつこいようですが、これでは応用できる技は極めて限定されますし、真の合気の扉は開きません。

リベット博士、再び

私は第一部「合気私考」でベンジャミン・リベット博士の実験結果について書きました。そのポイントは二つありました。

一　我々の脳はこの世の出来事を感覚器官をとおして認識するが、その出来事を我々の意識に上らせるのに0.5秒かかっている。従って我々が意識できるこの世の出来事は実は過去であり、しかもこの意識の空白0.5秒のうちに脳は捏造を行うことすらあり、そのために見えたり感じたりしていることが過去であるばかりか、嘘である場合すらある。

二　我々が何かの行動を起こす際、それが意識化される0.5秒前に脳は既に無意識下にその準備を開始している。従って我々は何かをしたいと思うとき、自分でそう思っているつもりでも実はそれに先行して我々が意識できない世界でその行為の準備が行われている。

このうち第一のポイントについては、特に視覚における脳の捏造などは時々テレビなどで紹介されていますし、心理学系の著作などでも記述が見られます。中でも印象深かったのは『脳とテレパシー』(濱野恵一著＝河出書房新社)に書かれていたことでした。昔、白人が南太平洋を探検したとき、島の現地人達は白人達が乗ってきた船が見えなかったそうです。それは現地人達にとって、今まで船といえばカヌーのような小さなものしか見たことがなかったため、白人の乗ってきた巨大な船は彼らの常識外であった。それ故認識することができなかったそうなのです。

また、誰にでも簡単にできる面白い実験もネットで見ました。色紙（たとえば目に優しい緑色にしましょう）に三センチほど間隔を空けて二つの小さい×印を横に書きます。その色紙を右手に持ち、左手で自分の左目を目隠しして、右目で左の×印を見ながら色紙を右目にゆっくり近づけてゆくと、やがてずっと見えていた右側の×印がフッと見えなくなります。まあ、盲点を探す有名な実験です。ところがこのとき、×印は消えますが緑色は消えないのです！

これは明らかにおかしい！　なぜなら……盲点は網膜上にある視神経の束が接続している一点であり、そこには網膜のスクリーンがないわけですから、当然色も認識できないはずだからです。私見ですが、恐らく我々の視界に欠損部分があれば不便を感じるため、視界で最も多い色に脳が欠損部分を着色するという捏造を行っているのだと思います。しかもその緑色は×印が消えたと同時に色として認識でき、白抜きの0.5秒後に緑色が現れるわけではありません。

従って、たとえば指を何かにぶつけたとき、ぶつけたと同時に痛みを感じたように錯覚させるのも脳の捏造だとするリベット博士の実験結果からすると、脳は白抜きに見えていた時間を我々の意識に上らせないようにしていたことになります。実に不思議なことではありますが、ともあれ今見えている世界、感じている世界の客観性を疑うことは合気探究の修行にとって大切なポイントになると私は思っております。

なぜなら……上記のことから、我々は何でも自発的に感じ考え、行動しているように思っていますが、どうやらそうではないらしいことが見えてくるからです！　そして我々の肉体以外の見えざる部分が二層式になっていて、普段の常識では考えられることのない、そのもう一層の部分の存在が浮かび上がってくるからです。

話はややこしくなりますが、自分の脳は自分の一部です。しかし脳の意識には顕在／潜在の両意識があることはよく知られています。このうち、潜在意識（無意識）は我々の顕在意識に上ってこないなら、それはまさしく「もう一人の自分」です。そしてその「もう一人の自分」の判断が顕在意識に先行してあるのが事実だとすると……我々の普通の意識とはいわば……無意識の家来と化してしまう！　つまり我々（の意識できる「意識」及びそれに基づく行動）は何事においても、無意識が準備して敷くレールの上を忠実に走る車両のようなものとなってしまうことになるではありませんか！

調和する場所

さて、以上を踏まえていよいよ持論の核心部、つまり「争わない」状態で相手のどこ（何）と調和するのかを述べたいと思います。

それは……自分の中の見えざる感じざる「もう一人の自分」でもって、相手の中の見えざる感じざる「もう一人の相手」と調和するのです！

リベット博士の第二のポイントを思い出して下さい。第一のポイントを知ることでどうやらその存在が見え出した「もう一人の自分」（＝無意識）が、我々の周りの世界の姿を都合よく造り変えるだけでなく、私達が行いたいと思う以前にそれを準備するという事実。ならば、我々が衝突を経験するということもお互いの「もう一人の自分」による準備の末に起こす思いや行動をお互いに忠実に行う「普通の自分」が感じる「約束事」……。その意味で、我々の普段の出来事には「もう一人の自分」の起動から「普通の自分」の思いや行動へと移る0.5秒の時間流の中で、その内容的食い違いはありません。ところが……。

話をわかりやすくするために極端な仮想を行います（また、私は科学者ではなく、いわんや脳の専門家でもありませんから、幼稚な論をどうかお許し下さい）。

今仮に、ある人が大変お腹をすかせて寿司屋に入ったとします。その人は好物のトロを握ってもらった。やがて目の前に出されたトロの握りを食べようと右手を伸ばした。そして食べた。旨いッ！（私も食べたい……し、失礼！）

この一連の起動と行動には内容的食い違いは起こっていません。

さて、話を少しバックさせてその人が寿司屋に入ってきたときに戻ります。すると運悪く（笑）そこに合気を使える人がいたとします。そんなこととはつゆ知らず、彼はトロを注文。さて目の前に出てきたトロ握りを見て……（と自覚する0.5秒前に既に見ていた「もう一人の彼」が「さあ、食べるために右手を伸ばさせよう」と、その準備に入った。ところがこのとき、横にいた合気の使い手が合気モードに入った！

合気モードとは無念のモード。それ故に「普通の自分」は去った「もう一人の自分」モードといえます。そのために、合気の使い手の「もう一人の自分」と寿司を食べようと準備する「もう一人の自分」の時間がピッタリ合います。これを「合気をかける」と呼ぶのでしょう。さて、「トロを食べるために手を伸ばさせよう」と無意識下で準備に入った彼の「もう一人の自分」でしたが……その後に合気の使い手の「もう一人の自分」が「歌を歌おう」と「調和」してきた（笑）！

しかしこのとき、既に「腕を伸ばし食べさせよう」とする初回のパルスはその人の顕在意識に向けて発信されています。ところがところがその実際の行動が起きる前に、「調和」によって「もう

「一人の自分」同士が手を結んでしまった！　むろん無意識下での出来事ですから、その気の毒な空腹の人にはこの横槍調和は感知できません。事が起こった後も、です！　さて、そろそろ横槍調和が入る前に発信された初回パルスが彼の顕在意識に到達する時間となりました。そして）……取って食べようとした瞬間、「ド～はド～ナツ～のド～……♪あ、あれ？　あれあれ？　俺何で歌なんか歌うわけ⁉」（笑）、かくて、その寿司屋のオヤジや周りの客達は「この人よっぽどトロが好きなんだなあ～！　出てきたら歌い出したよ」と大爆笑！

申しわけありませんでした。少しふざけすぎたかもしれません。しかし私が初めて保江先生から合気上げや突き倒しを食らい、さらに約束なしのスパーリングでこれまた合気により完封されたときの様子はまさに、こんな感じだったのです。

非接触合気

さて、それでは如何にして我々はその見えざる二層の奥の部分と調和すればよいのか……。まさにこの方法を悟ることこそが「合気を使える者となる」ことと同義です。ただ、それは保江先生も書かれていたように、各人各人で悟るしかないのです。ところで、ここで私が第一部「合気私考」にて「最後の疑問」とした非接触の合気について少し触れたいと思います。

その突破口が、見つかったのです。というか、合気にはそもそも接触／非接触の区別など実はないのだという気づきを得たのです。では、それはどういうことか。

先ほど私は（反作用上げではなく）真の合気上げの場合、いくら強く押さえつけられても不思議にその圧力を全く感じない、と書きました。事実そうなのですが（それ故たとえば指や鉛筆、それに割り箸等を使う特殊な合気上げの場合、成功するか失敗するかはある種の予感で事前にわかります。つまり圧力を全く感じなければ「あ、これは上がる」とわかるのです）、それはとりもなおさず上げる行動の前に既に合気がかかっていることを意味します。この段階でもう二層の奥同士が調和してしまっている。だからそこから浅い層へと「押さえられている圧力」と「それに逆らおうとする反発力」は発生しなくなるのです。

むろん相手はそれがわかりません。なぜなら先ほどの寿司を食べるときの話のように、「押さえつけよう」とする深い層のパルスは浅い層に届き、それにより事実押さえつける行動に（形の上で）なっているからです。ところが取が腕を上げる前から合気モードになっていれば、その段階で受も無意識下で深い層が「押さえ込もう」とするパルスを送るのを止め、取の深い層から伝えられる情報を待機する状態となる。ちょうど寿司を取って口に運ぶ時間と合致します。で、取の腕が上がり始めたとき、先ほどの例で歌を歌い出すが如くに、受は立ち上がり始めるのです。

ところが、この流れを見てみると、取が腕を上げる前に受がそのような状態にさせられているということは、取の腕が上がるという行為そのものによって受に合気がかかるわけではないことを示しています！　このとき「それは事前に触れ合っているからだろう」と考えてしまいますと、合気の本質を見失います。なぜなら、もしそう考えてしまいますと合気が何やら身体や皮膚から「体温」のようなものが触れ合うことで「伝わる」というような唯物論的解釈になってしまうからです。そして今の我々の科学社会では、そう考えた方が自然だと思ってしまう傾向があります。

しかし、それは違います。たとえ取が合気モードになったとしても、取の身体に（脳内は除き）腕や全身の筋肉状態や皮膚に生理学的な変化は起きないと思われるのです。むろん腕の筋肉は脱力していますが、それははじめからですので変化にはならない。

ということは！　そう、合気とは身体の接触などお構いなしにかかる（伝わると言った方がよいか……）ものだったのです！

私は保江先生が離れた場所から相手に合気をかける現象を「非接触の合気」とし、最後の疑問と感じていたのですが、何のことはない……あの由緒ある古寺にて初めて中指による合気上げを成功させせたとき、私も相手をしてくれたお寺の高校生の息子さんに離れて合気をかけていたも同然だったのです！　このことがわかったおかげで、「見えざる神の一回転」とは一つの動きの中に他の動きが内包されているという以上に深い「意味」があることに気づきました。そして「不動大示」も、そう、まさに動かぬうちに伝わる原理だったのです！

誠に合気は形から入ると見失う。そしてその「形」の意味の中には「触れていなければならない」という常識論的・唯物論的考えも含まれるのです。また、身体の動きを「技」と呼ぶとすると、その「技」を通じて合気がかかるわけではなく、それ以前に既にかかっている。動きという「技」はいわば「後づけ」にすぎないということが見えてくるのです！

ではなぜ、何もない何も繋がり得ない空間をとおして合気は相手に伝わり相手にかかるのでしょうか。それを知るには……「空間」という「嘘」を見抜かなければならないのです。

空間という幻想

「空間は幻想にすぎない」つまり、空間など実在しない！

これについては保江先生も『唯心論武道の誕生』（海鳴社）にて言及しておられます。しかしこれは……科学者ではない我々一般人にはあまりに難解なお言葉です。この部分を何度読み返しても、わかったようなわからないような、で結局「ま、いいか」と私も理解を諦めてしまっていました。

ところが、今年九月のある日の夜のこと、私は一枚の写真を見ていてハッと気がついたのです。その写真は一ヶ月前の八月に撮った、私にとっては本当に大きな記念となる大切な写真でした。そこには私を含め三人の人物が写っています。お寿司屋兼鍋物屋さんで宴会を開いたときのもので、だから写真にはテーブルや取り皿、お箸やビールジョッキ、そして人物が背にする壁なども写っております。それを見ていた、ただボ〜ッと、思い出に浸りながら。そして！

その大切な写真が教えてくれたものとは何か？　それは実に、「空間は幻想にすぎない」という難解な言葉の意味だったのです。このときに気づいたことを、どう表現したらよいのか今でもわかりませんし、自分の気づきが正しくこの言葉の意味を突いているのかどうかも不明です。しかし私のような一般人が至った考えである以上、たとえそれが間違いであったとしても、合気を真摯に追求される方々にとって幾ばくかでも参考になるかもしれないとの思いから、恥を忍んで説明を試みます。笑ってやって下さい。

まず、何を思ったか？　それは「ん？　写真には人物や物は写っているが、はたして空間は写っているのだろうか？　いや、写ってなどいない！　全て物体だけしかない！　ではなぜ写っていないんだ？　あのとき我々は確実に空間の中にいたというのに……」ということでした。そして「そうか！　空間などないのだ！　ないものは写らないのだ！」と思い至りました。

これを「当たり前だ！　写真は平面じゃないか」と言わないで下さい。なぜなら我々が普段見る景色だって、網膜というスクリーン上に写し出された平面上の像です。それを脳が経験などを基に立体化して見せているだけ。それが証拠に立体写真などのトリックを使えば、逆にそれが単に平面の写真であるにもかかわらず我々の脳は簡単に騙され、立体化してしまいますからね。ということは……。

私は思わずその写真を手に持って動かしてみました。するとそこに写っているものも全て同方向に等速に動く！

「当たり前だ！　写真に写っているものがバラバラに動くわけないじゃないか！」

そう、当たり前です。なぜなら……その写真に写っているものは全て、そのときその瞬間、即ちそのときの「今」にあったからです。このとき、全てのものの間に「距離」として現れている空間は「今」の一点に凝固し、ために距離（空間と思っているもの）も近づきもしないし遠ざかりもしない！

我々は、移動できるのは空間があるからだと思っています。早い話が、もし目の前に壁が立ちはだかっていれば前には進めません。しかし私が言いたいのは、そんなことではないのです。

たとえば、今一台の車が車庫に入ろうとしていたとします。その車庫との距離が今五メートルだとすれば「今、五メートル」という世界があり、二メートルに近づけば「今、二メートル」という世界があるだけ。これは第一部「合気私考」にも書きましたが、我々、否、全ての存在物は時間流の中で「今」の一点にしか本当は存在し得ない。

たとえば動かぬ絵や写真を連続で見せることにより脳の記憶（残像）に訴えかけ動画や映画は成り立つが、その一枚一枚の絵や写真の中には同じく凝固した距離が、物が存在すると同じく存在している。ところでこれを空間と呼ぶのなら……空間とは何もない広がりだから、まさに「ない」はず。ならば、距離として凝固するはずもないではないか！　時間を固定することでその影響を受けて停止するものは全て、物質と同じ存在物であり、たとえそれが「何もない空間」に見えたとしても、実際は「何もないことはない何か」なのだ！

そうか、「空間は幻想」とは実はこういうことだったのではないだろうか……。しかし、この論が正しかろうが間違いであろうが自分的に納得すれば、触れる触れぬに関係なくただ時間という存在だけを頼りに伝わる合気というものの姿が少し見えてきた気がしたのでした。

合気の階梯——ミンナツナガッテイル——

以上述べてきた如き合気探究の道を歩む私に、突如閃き現れた「反作用を利する技」……。反作用を使う以上これは力技であり、また当たり前だが相手と接触しない限り反作用など生まれない。だからこれは蹲踞突きであれ反作用上げであれ、自分が追求すべきものではない。こんなことにかかわってしまえば、それはむしろ自分の合気探究にとっては振り出しに戻ること以外の何ものでもない……そう自分を戒めつつあったときに保江先生から頂いた「それもまた、合気探究の道」というお言葉。

そう、たとえ触れて力を使ったとしても、その後で相手が見せる反応が合気と同じ（物体ではあり得ない、また筋力と筋力とのぶつかり合いによって生じる優劣とも根本的に異なる）人間独自のものである限り、やはりそこにも探究の入口が準備されてはいる。

先人達が残してくれた型。しかしそれだけでは解けぬ謎。そして合気の方法論へのアプローチ……。

それらは最終章に譲るとして、少し話を戻します。

「空間は幻想にすぎぬ」という意味の発見により、私はさらに気づきました。合気に接触／非接触の区別なしとすればそれは……。

「みんな、繋がっている」

という真実！

誤解しないで頂きたいのは、私は武道家であって思想家や宗教家では決してありません。だから「みんな仲よくしよう」などという腑抜けたことを言いたいのではありません。

フルコンの世界に長くいる自分は、今でも叩き合いと蹴り合いの毎日です。そこでの力量や体重による優劣は厳しく、そう、厳しく決着するのです。もし合気がこんな腑抜けたゴタクの上にしか成り立たない畳水練なら、はじめからこの道に入りはしなかったでしょう。

しかし「汝の敵を愛せよ」というキリストの言葉だけをその原理とした保江邦夫先生の合気は紛れもなく、全力で押さえにかかる私を割り箸で上げ、ガッチリ構えた私を突き一発で倒し、そして約束なしのフルコンルールでのスパーリングにおいて我が空手を完封したのです、フルコン歴二十五年の修行者の私を、です!

それを踏まえてのことなのです。ここのところをどうか、勘違いなきようにお願いいたします。その上でもう一度申し上げます。


「みんな、繋がっている」

では次章より、合気の本質をより深めるため、「予定調和」のお話に入りたいと思います。それは、この「予定調和」という現象が見まごうことなく合気の一種であるとわかったとき、合気にとって武道はその応用の一つにすぎないこと、そして誠に合気は身体の動かし方とは無縁であることを知って頂けると思うからに他なりません。

昭和町ドリーム

プロローグ

「必要なときに、必要な師が現れる」

「必要なときに、必要なことが起こる」

今までの人生を振り返り「ああ、誠にそうだったなあ……」と思える人はむしろ、少数派なのではないでしょうか。「何をやっても（努力しても）思うように上手くいかない」……そんな方々に「望めば叶う」とか「祈りましょう」とか……少なくとも私はアドバイスとしてそんなことを言う気にはなれません（言えないといった方が正確かもしれない）。なぜなら合気に照らして考えた場合、それらの言葉には真実もありますが嘘も含まれているからです。その謎解きも最終章に譲るとして、しばらくの間、私の他愛のない人生経験の開陳にお付き合い下されば幸いです。

実は私は高校時代、とても褒められた生徒ではありませんでした。通っていた高校もレベルが低く、そんな高校でさえもギリギリでパスしたほどの勉強嫌いでした。だからもう、授業はサボるわ黒板を叩いて穴は空けるわ、冬になれば授業中にもかかわらずストーブの上で餅を焼き平気で食べるわ……そして先生に怒られようものなら「阪神タイガース、優勝～!!」と叫びながら勝手に教室を出て、同じような仲間達とパチンコに出かけるのでした。教室を出るときに教卓に一発蹴りを入れることを忘れずに……。

本当に、よく退学にならなかったものです。今思い出しても全身から冷や汗が吹き出すほどに、それは恥ずかしい時代でした。むろん我々の側にもそれなりの言い分はありました。そして私から見れば、なぜ他のみんなが真面目にできるのかの方が不思議だった。しかしそう思うのは勝手だが、だからといってみんなに迷惑をかけてもよいなどという論法は成り立ちません。本当にバカでした。

けれども、そんなバカにも一つだけ心が休まるというか、心が澄んできて、荒れた気持ちがスーッと消えていくときがあったのです。それは……ちょうどこの頃に人気があった関西の某女性ボーカリストの声を聴いたときでした。その何ともいえない、青い風が吹いてくるような清涼感を呼ぶ声。その声にはすぐにその人とわかる個性はあるのに決して邪魔にはならず、それどころかかえって増してゆく、その透明感。

彼女の声がラジオやテレビから流れてくるときにだけ、私は何もかも忘れただ聴き入るということだけしかできず、術をなくすといった風情となるのでした。かといって、決して熱狂的なファンになったというわけではなくレコードなどを買う気にもならなかったのですが、そんなことをしなくてもラジオを聴いてさえいれば頻繁にその素晴らしい歌声を聴くことができたほど、徐々に人気が出てきていたのでした。

しかし……そんな平和な気持ちになるのも束の間のこと、曲が終わればまたぞろ我に返り荒れた毎日に戻るのでした。そしてそんな高校生活で大学受験に勝ち残れるはずもなく（というか大学など何の興味もなかったのですが）、シャレで受けた大学をことごとくスベり、高校卒業とともに浪人（というより無頼）生活に入っていくのでした。

予備校へ行くことになるまだ前のある春の昼下がり、別にやることとてなくぼんやりとテレビを見ていたら、きっと古い映像なのでしょう、盛んに雨が降る（フイルムの質が古くて悪く、雨が降っているように見えること）映像で、尖った形の土山が連なる風景の中、二人の乞食の如く汚い衣をまとったカトリックの坊様が、取っ組み合いをしているという風景が映し出されておりました。その映像を（へえ、カトリックの坊様もこんなことをするのかという微かな心の引っ掛かりはあったものの）そう、ただボンヤリと目に映っているだけという感じでやり過ごしていました。そしてやがてやってくるであろうさらに退屈な日々に思いを馳せれば「もうどうでもいい」という自暴自棄の気持ちに益々なっていったのです。

そしていつしか、その女性ボーカリストのことも忘れ去っていったのでした。

謎の回心

ところが、その後すぐのことです。どういうわけか私は突然狂ったように勉強しだすのです！ そう、まるで憑き物に憑かれたかのように！

あれほど嫌いだった勉強に一心不乱に寝る間も惜しんで打ち込んだ結果、一年後の再受験の際に一校を除き全ての大学入試にリベンジを果たしてしまいました（通っていた予備校も大変驚いたらしく、何せ成績の上がり方が尋常ではなかったために大いに宣伝に使ったらしい）。合格した中で最も知名度・偏差値の高い大学に入学し、入学式のときにやっと我に返った気持ちになりました。

本当に不思議だったのです。そして今でも変わらず不思議に思っています。なぜあれほどまでに猛勉強したのだろう……別に大学など興味はなかったのに。今から思えば「どこそこに入りたい」という入学願望があったわけではなく、ただ猛烈に勉強するという行為そのものに陶酔していたような気がします。いずれにせよ、長い夢を見ていたような時期でした。

ところで晴れて大学生となった私はこれまた何の迷いもなく、即座に某拳法道場に入門してしまうのです。実はあの荒れた高校時代から既に空手部の連中とは付き合いをしていて、稽古に毛の生えたようなマネごとはしていたのですが、正式に道場に入門したのはこれが初めてでした。そして拳法などの武道をはじめ東洋の生んだ様々な文化にどんどん興味が湧き、遂にはヨガの極意を求めてインドにまで行ってしまうのでした。こういうことをするには大学時代という期間は極めて便利でした。だから結果論ではありますが、大学に入ってよかったと思いますし、両親にも感謝しております。

その後社会人となり結婚もし、しかし一方では益々武道にのめり込んだ結果、自分の修行の中心をフルコン空手に移行する決心をしました。これこそ真の武道だと思ったからです。フルコンを修行しておられる方々は皆同じ経験を持っていらっしゃると思いますが、初期の頃はもう大変でした。打撲や捻挫の絶えた日はなく、ローキックの洗礼を受けて階段を手すりにしがみつきながら昇り降りし、ときには上段廻しを食らって気を失い……だから風呂に入ろうと裸になれば、いつも身体がウルトラマンのような色になっておりました（笑）。しかしながらフルコン入門五年にして何とか初段も許されました。もう、荒れた時代も何もかもが遠い過去の出来事となって、思い出すこととてありません。仕事から帰れば日課の鍛錬、そして道場稽古です。充実した毎日でした。

ところが……それから数年たった頃、ある出来事により私は道場から完全に遠退きます。しかし、たとえ道場には行かなくても武道に対する情熱が冷めることはなく、一人黙々と鍛練に励む時期が五年ほど続いたのです。

予定調和の発芽

ところが、あれは十数年前の初夏の頃のこと。私は仕事場に突然かかってきた幼馴染みの男からの電話に、直立不動となっていました。

彼の声を聞くのは、実に三十年振りのこと。

その竹馬の友は大変な秀才で身体も大きくスポーツも万能、小学生にして既に文武両道を地でゆく凄い男でした。その後彼は最高学府を卒業後、学者となって活躍しておりました。ところがそんな彼が某格闘技雑誌に特集されているのを発見した私は、雷が落ちたほどにビックリしました。なぜ学者の彼が……？

そしてその特集によれば彼が高校時代から続けてきた柔道に加え、フルコン流派の空手も修行、柔道・空手共に有段者となり、その方面でも活躍中とのことでした。驚いた私は早速彼に手紙を送ったのですが……まさか直ぐに電話をくれるとは！　そしてそれどころか、彼は家族を伴いほどなく関西に下ってきてくれたのです、道着持参で！

狭い我が家のアパートで実に久し振りに会いまみえた我々が、挨拶もそこそこに即座にやり始めたこと、それはお互いそそくさと道着に着替え、ドツキ合うことでした。これ以外、何をしろというのか（！）と言わんばかりに（笑）。

共にフルコンの修行者として精一杯打ち合った後、たった二時間でビールの大瓶二十本が空になって転がるほど、素晴らしい宴となりました。

「いや～、お互いこんな再会ができるとは！」

楽しすぎる宴の間、しかし私は心の中で思いました。

「今日の組手は完全に俺の負けだった……」

彼にもそれはわかったはず。しかしそこは武道をたしなむ者同士、そんなことは言わずもがななのです。

やはり対人稽古は必要なのだ。一人での稽古には限界がある。次に打ち合うときには互角に戦えるほどに精進することこそが、わざわざきてくれた友に対する礼儀！

そう思った私は、ほどなくして道場に復帰させて頂きました。そしてそれからというもの、以前にも増して猛稽古が始まったのです。その後彼とは親しく連絡を取り合い、年に数回会ってはドツキ合い、徐々にカンも戻ってきました。私にとってそれはまさに、第二ラウンドのゴングが鳴った思いでした。さらにその修行の中で某合気系武術とそれに基づく活法を学ぶ機会があり、その活法によって難病が次々に治癒するという予想しない事態となって、活法師として患者様を往診して回るという生活に変わっていったのです。

その間それ以外にも次々と不思議な御縁があってプロレスラーの方々と親しく飲んだり、果ては間接的とはいえ、かの中村天風先生との御縁から先生直筆の書を頂いたり……それは不思議な連鎖でした。それらの御縁を糧に益々稽古に打ち込むのでしたが、治療方針で師匠と喧嘩になり、その合気系武術からは訣別しました。この辺は我ながらフルコンです。

しかし元々我が本道は空手、それ一本に戻っただけのことです。併せて合気系武術の修行をしていたときに「合気」の話をチラホラ聞いてはいましたが、信じる気にはなれませんでした。なぜなら、その道場で稽古していた内容は重心ずらしや関節技の域を出るものではなかったからです。むろんずっと続けていれば、まだ先に何かあった可能性はありますが、とまれそこまで行き着く前に私はそこを去ったのだから、何とも言うことはできません。また、空手界の重鎮であられる先生からも合気という実に不可解な境地が実在することや、大東流の名人・佐川幸義宗範とその高弟・木村達雄師範について聞き及びもしましたが、やはり信じる気にはなれませんでした。この辺りは

第一部「合気私考」に書いたとおりです。

実際に打ち合うフルコンこそ真実！　そして強くなるためには筋肉を鍛え走り込み、バンバン飯を食ってガンガン殴り合うしかないのだ！　合気だ極意だと言ってる奴らが一度でも我々のステージに上がってきたことがあったか!?　口先だけなら、何とでも言えるのだ！

その怒りにも似た気持ちを胸に秘め、それこそガンガン稽古を積んでいきました。しかしこのときにはまだわかっていなかったのです、そうすることも含め、これが大いなる存在による予定調和の導きだったということを。そしてそれが（事実、武道界の末席のそのまた末席に喘ぐ自分如きにも注がれたように）生きとし生けるもの全てに注がれているという、真実を。

そして……私は出会ってしまうのです、本物の「合気」に!!

保江邦夫先生

保江先生との出会いの経緯と稽古でのことなどは先生の『唯心論武道の誕生』（海鳴社）に詳しく、また私が先生にフルコンの組手で挑みかかった際の様子も同じく先生の『脳と刀』（海鳴社）に詳細に描かれておりますので、ここでは重複を避け、いったい何が起こったのかを技を食らった側から率直に描いておこうと思います。

平成二十年三月二十六日午後五時三十分、場所は関西のとある神社境内の中に建てられた公民館。

柔術四段である我が嫁は眼前に展開する異様な光景に大きく目を見開いたまま、絶句！

保江先生の両手首を渾身の力と体重をかけて押さえつけようとする（というより破壊しようとする）私が、必死で押さえつけている顔や姿はそのままに……なぜか両足だけをバッタのように伸ばされ、まるで下手なバレエのような無様な体勢になってウンウンもがいている！

「コッ、こんなことッ……あり得ないッ！」

納得がいかない私は「もう一手ッ！」そしてまた簡単に上げられさらに「もう一手ッ！」……そしてとうとう、スタッと立たされてしまったのです！　正座の体勢から。

「う～ん……では先生、ここに割り箸を用意しました。次はこれでやってみて下さいませんか」

ぶしつけに依頼する私に、実に気持ちよく答えて下さる保江先生。

「いいですよ」

そして……

「え、ええ～ッ!!?　う、ウソだろッ？　こんなこと、不可能だ……」

その前日の夜のこと、私は嫁に宣言していました。「たとえキリストの仲介であろうが何であろうが、もしこの合気なる技がマガイ物なら、叩き潰す！」

そう、『合気開眼』に掲載されている連続写真、これを見たとき即座に思った。これは尋常ならざることが起こっていると。しかも、イエス・キリストが「私が合気を教えてあげよう」と語った、あの不思議な夢……だから期待する！　本物であることを期待する！　ただしそれが偽物だとわかったとき、私は爆発するだろう。そのときには、叩き潰す!!


「夢の、ようだ…」


我々夫婦の、偽らざる気持ち。

そしていよいよ最後の技を所望するときがきた。もう充分驚いたが……。

「先生、では最後に突き倒しを見せて下さい！」

「それにはこの部屋は狭すぎます。向こうの襖を取り払いましょう」

二人でそそくさと襖を外せば、二部屋分の広さとなりましたが、それでも念のためと対角線に並びました。そしてこれ以上ないほどに前屈立ちでしっかり腰を据えて磐石に構え、前方に両掌をかざしました。その私の両掌に先生はパンチを入れてくる。何ということもないそのパンチはパチンッと軟弱な音をたてて当たった。次の瞬間、突如目の前が真っ白になったと思ったとたんに私は後方の畳に叩きつけられていたのです！

これは強烈な体験だった。足がまだ萎えている。いったいどうしてだ？　どうしてこんなことが起こり得るのだ？！

「と、ともあれ襖を外しておいてよかった」私は唸りながら、やっとそう言いました。横で一部始終を見ていた嫁は感極まって、例の私の幼馴染みの拳友にメールをしていました。すると直ぐに彼からも返信が。

「う〜ん、どうやら今、とんでもないことが起こっているようですね……」

こうして私は、保江邦夫先生の合気をその身一杯に受けました。不思議感が上回るせいか、悔しさは全くない。嫁は……泣いている！　何かに打たれ、感激しているのだ。

モンセラート修道院

その後我々は予約していたイタリア料理店に先生を招き、共に武道をたしなむ者同士の楽しいワインを傾け合いました。拳友とのビールの宴のときのように。そして先生から佐川幸義宗範がいかに凄かったかをお聞きしました。そして隠遁者様・エスタニスラウ神父のエピソードも。

中でも印象深かったのは、まだ神父がスペインのモンセラートにて荒行時代、スペイン陸軍のレンジャー部隊が演習を行うためにやってきたとき、そこで何やら取っ組み合いをする汚ならしい坊主どもを退かせろとばかりに神父達につかみかかるやその瞬間、レンジャー部隊の猛者達はコロコロと投げられ、面目丸潰れになったというエピソードでした。その先生のお話を聞きながら、ワインの酔いも手伝ってか、私は遥か昔のことを何となく思い出しておりました。

テレビで見たモンセラートでの隠遁者様の稽古風景の素描

「あれは大学をことごとくスベった春の昼下がり、何か先生が今話されているのに似た光景をテレビで見たなあ、そういえば……」

しかしそのことはなぜか語らず胸にしまい込み、また新たな話題で盛り上がり、楽しい宴はまだまだ続くのでした。

保江邦夫先生　パート2

その年の七月十一日の昼下がり、私は岡山の野山武道館に道着をまとって立っておりました。暑い日だった……。

合気上げ、突き倒し。それらの際に顕れる不思議な合気現象の存在は、しっかとわかった。しかしその合気とやらは、はたして実戦に通用するのか？　考えてみれば、如何に不思議でも上記二技は空手でいう「約束組手」即ち状況を固定しての出来事なのだ、どこまでも！

ところが、先生の方から言われたのです。

「スパーリングをしてみましょう」

お互いに関係者は伴わず、たった二人だけの野山武道館。いや、そういえば、横で太極拳の練習をしていた方が二人いらしたか。しかしいずれにせよ、どういう事態になろうとも、お互い恥を公然とさらすことだけは免れる。

「先生から言い出されたことだ。思い切りいこう！」

私はまず一本目、フルコンの定石である間合を詰めてのワンツーから右アウトローにて攻めようと決めました。ローキック即ち下段廻し蹴りは、素人さんならまずかわしたりブロックしたりはできません。しかも一発食らえばその激痛には耐えられません。もんどりうって苦しむのが関の山。

前蹴り直前の右拳カウンター

早く決着をつけてしまおう。そしていかに不思議な合気といえども自由攻防ともなれば話は別だと納得頂き、こんな暑い体育館での稽古は早目に切り上げ一緒にワインでも飲みに行こう。合気の実在はわかったのだから、不思議な話を聞くだけでこちらは満足……。

そんな不遜な考えが頭をよぎる中、私は間合を詰めていったのです。

お断りしておきますが、これから書くことは天地神明にかけて、全て事実です。

先生の姿が消えた！

「え？」と思った次の瞬間、先生は私の左斜め四十五度の（しかも超近間合の）地点に忽然と現れた！「なッ……何」思う間もなく先生の右掌底が伸びてくるのが微かに見えた。それなのに私は苦し紛れに、何ともうとっくに先生が移動され誰もいない自分の前方に向けて右アウトローを振っていたのです！

「何してんだオレはッ」と思ったとき、先生の右掌底が私の左脇腹を突いた？　否、押した？　否否、触れただけ??

わけがわからんッ！　何だコレはあッ……！

私は弧を描いて空中を飛んだ!!　やがてズダダーン（！）と畳に叩きつけられましたが、すぐさま起き上がり構え直しました。

「…………」

汗が吹き出てきた。何かの間違いか？　よし、もう一度!!

ところが今度は（姿は消えなかったが）真っ直ぐ入ってこられた先生が（どういうわけか、先生の前進の方が速いのです！　こっちだってスーと入っていくのに）私のワンツーより早く両掌底を相撲の諸手突きのように伸ばされました。それが私の胸に触れるや、いきなり天井が見えた！

腰から砕けて、まるでカエルを地面に叩きつけたような無様な格好でベチャッと仰向けに倒れてしまったのです。

「クッ、クッソオオ!!」怒りたいのに、怒れないッ!!　あろうことか、楽しいのです!!

後ろ廻し蹴り

それからというもの、私は後ろ廻し蹴りなどのトリッキーな技も含め、ありとあらゆる空手技を繰り出しましたが、結果は同じ。あるときは宙を舞い、またあるときはその場に潰され、最早なす術もなくなりました。そこで、決心したのです。いきなり右の廻し蹴りを全力で先生の脇腹に振り込んでやろうと！　最早小細工無用。長年鍛えに鍛えてきた今までの全ての力を右足に込めて、ブチ抜いてやる!!　受けられるものなら受けてみよッ!!

そして、とんでもない光景を見さされてしまうのです。今でも忘れられません。

自分の右足がフルスピードで先生の左脇腹に向けて回ってゆく。それに対して先生は私の蹴り足の進むのと同方向に歩いて（！）いかれたのです、スタスタと。そして自分では全力で振っている感覚があるにもかかわらず、その自分の右足が歩いている先生に追いつかない！

「そ、そんなバカなッ」

そのときの感覚は、そう、たとえて言えば夢で恐い怪物と遭遇し、必死に足を動かして逃げているにもかかわらず全然身体が前に進まないという、あの感覚に似ているのかもしれない……。

そして私の足がやがて伸び切り勢いを失った頃、先生の右掌底が伸びてくる。例によって次の瞬間私は空中散歩（笑）。いや、本当に笑うのです、なぜか。そしてまたもやズダーン（！）と畳に叩きつけられる。横で太極拳の練習をしていた二人はいつしかポカンと口をあけて、こちらの様子を見ている。

「こらアカンわ……」

やることが、全くなくなりました。完敗です。そして、合気の不思議な効果が約束なしの自由攻防でも完璧に通用することがわかったのです。その場にヘタリ込んだ私に先生が言われました。

「炭粉さんには信じられないでしょうが、合気は時間流を変容させてしまう効果もあるのです」

「何だって!?」

それを聞いた瞬間に思い出しました。既に極意を使えば時間の流れが変わることを、その著書に書いていた一人の武術家がいたのです！　その方のお名前は近藤孝洋、著書の名は『極意の解明』（近藤孝洋著＝愛隆堂）。

「本当だったのか……何ということだ……」

何をオカルトのようなわけのわからぬことを書いているんだこの人は、と呆れ返っていた自分が恥ずかしい。しかし武術の持つ神秘とはここまで凄いものだったのだ。

感動する私に先生はもう一言言われました。

「さあ炭粉さん、もう一本だけやりましょう。そしてワインを飲みに行きましょう。実はあるんですよ、この岡山には昼間からワインが飲める店が」

憑かれたようにフラフラと立ち上がり、構えました。もう、どうでもよかった。どうせ何をしても無駄なのだから。しかし本能がそうさせるのか、それでも私は間合いを詰めて中段に右鍵突きを放ちました。そのときです。なぜか、わかった！

「いかん！　先生は合気を切っている！」

咄嗟に拳を掌底に変えましたが、止めるには遅すぎた。鈍い音を立てて私の攻撃は先生の左脇腹に今度ばかりは見事に決まってしまったのです。

唸りながらその場に倒れ込む先生。

「どうして！　どうして合気を切った!?」

思わず叫び寄りすがる私に先生は答えられました。

「い、いや~炭粉さん、空手家の突きとは実際どんなものか、味わってみたくなりまして……」

嘘だ！　先生は最後にオレにせめて一本、花を持たせようとして……。

オレの、完敗です先生。全てに、負けました。

こうして私はその場で、うずくまる保江邦夫先生の教えをこの先もずっと受けさせて頂くよう平伏して乞いました。

そしてその後二人で飲んだワインの味も、一生忘れることはないでしょう。

本編　その一

その後のことは第一部「合気私考」にて描いたとおりです。まるで切れかけの蛍光灯のように、我が合気は点いたり消えたり。悪戦苦闘の末にようやく古寺の次男坊を相手に人差し指で合気上げを成功させはしましたが、そんな蛍光灯状態は今も続いている始末。

さて、これまでが実に長い前置きでした。やっとここからが本編です。

私の古参の患者様に須田正美さんというそれはそれは綺麗な女性がおられます。数年前にある重い病に罹かり、難しい手術をするために院内にて待機中、お慰みにと三度ほど見舞いがてらに治療したら……なんと手術の必要がなくなってしまったという方で（実際、手術三日前に中止になったのです！）、このときには私の方がビックリしました。以来親しくお付き合いさせて頂いているのですが……昨年末のこと、この方の御主人が癌になってしまわれたのです。

驚きました。というのもその須田さんにはお姉さんがおられ（この方がまた美しい方なのです。まさに美人姉妹！）そのお姉さんの御主人も数年前に癌になられた。お姉さんは私に治療を依頼されましたが、残念ながら私の技術では癌は治せません。その旨を伝えたのですが「慰めでもいいから」と懇願されました。そこで私は心を決め治療に向かうことにしたのですが、やはり救うことはできなかった。この件はそれまでの治療術の門下を私が去る事態を招きはしましたが、逆に保江先生との御縁を引っ張り込んだのです。

それなのに今度はその妹さんの御主人まで……本物を知ったとはいえ、まだまだ我が合気は癌に対するまでには成長してはいない。親しいが故に私の修行の一部始終を御存知の須田さんは、それ故に決して私に治療依頼はされませんでした。それが何より、辛かった。だが須田さんはもっと辛いのです！　こうしている間にも御主人の癌は進行していきます。しかし、どうしてあげようも、なかったのです。

やがて、年が明けました。合気との遭遇という素晴らしい体験ができた昨年に継ぎ、今年平成二十一年はいったいどんな年になるのだろう。

須田夫妻を心配しながらしばらく日を連ねて一月末辺りのこと、嫁が突然こんなことを言い出しました。

「あなたは今まで色々と物凄い人達との御縁を引っ張ってきた。その度あなたの修行も進んだ。だけどその御縁はいわば後づけであり全て武道関係だった。ところで『保江先生が言われるところの予定調和が、ひょっとしたら非接触合気と同じ原理かもしれない』というあなたの説を試してみてはどう?」

う〜ん、いや、なるほど。ちょうどこの頃、私は「見えざる神の一回転」から「不動大示」の合気上げに至り、その得体のしれない原理から恐怖を覚えて「合気私考」の基となる文章を狂ったように書き殴っていた頃でもありました。「しかし謎だ! 非接触合気だけは解けない!」と呟きながら。この頃はまだ接触合気と非接触合気とを別物と考えていたのです。恐らくそんな私を心配してくれた嫁が気分転換をさせようとしてくれたのかもしれません。

ところが、これがまたとんでもない事態を引き起こすのです！

さあ、「昭和町ドリーム」の幕開けです。

これをあなたは単なる偶然と取るか、それとも……。

本編　その二

「さてさて、今度は誰と巡り会いたい？」

その人の名前を先に挙げよ。そして会えるかどうか試してみよ。そう嫁が言うのです。

「次に会いたい人……う〜ん……あ！　そうだ！」

思い出した、突然。

その昔、荒れに荒れたあの高校時代、そう、あの女性ボーカリスト!!　その歌声を聞いたときにだけ、心がスー……と落ち着いた。あの青く澄んだ歌声！

「彼女に、会いたい！」

「へぇー、音楽の世界とはこれまた畑違いな……けど、会えたらいいね！　何か、会えそうだよ、あなたなら」

嫁が笑いながら返してきました。しかし言ってしまってから「しまった」と思いました。なぜって、これはいくら何でも無謀というもの。武道界や学術界ならいざしらず、音楽界など全く何の脈絡もないのです。確かに実験としては面白いが……。

約束です、私は周りの友人知人に公言しました。もちろん、保江先生にも。すると先生なんか「それは好都合、実は合気上げを『スマイルリフティング』と名付けて武道に興味のない一般の人達の間に展開しようと思っているんですが、そのイメージが彼女の代表曲とピッタリだから、炭粉さん彼女と会ったら『テーマソングにしていいですか』と聞いてきてよ」と、もうすっかり私が会えるものと決めつけてらっしゃる。

冗談じゃない！　プレッシャーがかかってきたあ！　そんな……もし空振りしたらどうしよう……。

焦って空を見上げても、やっぱり何も思いつかない、わからない！　いったい全体、どうすればいいのか??

「フ、ファンレターを書こう！」ダメダメ、そんなの読んでくれるかどうかわからないし、第一読んでくれたとしても会ってなどくれるもんか！　友人や知り合いでもあるまいに。

「コ、コンサートに行って楽屋にナダレ込もう！」ダメダメ、警備員につまみ出されるのがオチ。ど……どうしよう、そうだ！　この実験、なかったことにしよう！

もう、遅い（笑）。みんな、見ているのです。

そこで私はとにかく彼女がいったいどういう人なのかを調べようと思い立ちました。自分でも驚きましたが、名前と数曲の曲名しか知らなかったのです。

ネットで調べてみると、実に様々なことが今さらながらにわかるのでした。

「そうなのか、そんなこともあったのか。こんな歌も歌ってたのか……」とてもファンとはいえません、自分なんか。遥か昔、大学時代にその頃付き合っていた女性と一度コンサートに行ったきり。しかもそのとき初めてその女性から彼女の名前を聞いて知ったほどなのですから。

しかし、ある事柄に目が釘付けになった。それは出身地。そこは……極めて霊性の高い土地とされ、実は私も若い頃に数回修行に赴いた場所だったからです。

「むう、あそこの御出身とは……」どおりであの美しい声！　そうこうしているうちに「会う」ということなど、スッカリ忘れ去ってしまう自分でありました。

さあ、どうする炭粉!?

本編　その三

その一方で、刻々と癌が進行する御主人を一生懸命に看病されている須田正美さんのことを忘れたことはありませんでした。

「さぞ、お辛いだろうなあ……」、嫁共々、彼女のことを考えると晩飯時の箸も止まります。

「そうだ！　今度須田さんの激励会をやろう！」、

ほぼ異口同音に我々は叫んでいたのでした。しかし、御主人は今自宅で療養中とのことだから、須田さんの家から近い所で適当な場所を探さないといけません。何かあればすぐに帰れるくらい。

須田さんは大阪地下鉄の西田辺という駅の近くにお住まいでした。何回も往診に訪れましたから、土地勘はあります。しかしこの辺りは料理屋は多いのですが、三人の小さい会をするには居酒屋の方がよいと思い、事前に調べに行きました。すると一駅手前の昭和町という駅界隈には居酒屋が多いことがわかりました。ここなら須田さんの家から自転車でも五分ほどです。「よし、この辺で適当な店を見つけよう」そう思ってブラブラと探し出したときに、ふと思い出したのです。

「ん、待てよ……昭和町、昭和町といえばどこかで……あ！　そうだ！」

そう、確かそのボーカリストの方は昭和町に住んでいたとネットにあった！　しかも、何かのときにこの近辺の居酒屋で宴会をしたことがあると、何かで読んだ！　その店の名前は……「十両」……そう、確か「十両」だ！

さあ、それから私は必死にその店を探しました。そして意外にすぐ見つけ出すことができたのです。

ここか！　ここが十両！　よし、もうここに決定だ！

そして数日後、須田正美さんを招いて我々夫婦は十両でささやかな激励会を開いたのでした。

席に座れば、おお確かに。壁には件のボーカリストの来店時の写真とサインが飾られているではないか！　間違いない、ここだ！

須田さんは、痩せ細られていました。つい去年の夏頃は「ダイエットダイエット」と言ってらしたのに。よほど大変なのに違いない。しかし、だからといってこの席をお通夜のようにしてしまってはダメだ！　こうなったらもう、滅茶苦茶はしゃいで少しでも笑わせてあげよう、そう思って私は喋り続けました。何せ、少しでも話の間が空くと御主人のことを思い出し涙ぐまれるのです。

エエイッ！「うるさい客やな」と思われようが、どうせ我々の住まいからは遠く離れた店なのだ、恥はかき捨て、かまうもんか。

こうなってしまっては、もうそのことしか頭になくなってしまうタチ。なぜこの店を選んだのかという大事なポイントは完全に忘れてしまうのでした。しかしたとえそのポイントを忘れずにいたからとて、何が起こり得ましょう。須田さんを、あまり長くは引き止められまい。その激励会は小一時間で切り上げました。

少しは気分転換になったかなあ……我々夫婦は帰りの道々須田さんに思いを馳せました。

「ところで、やっぱり何も起こらなかったね」

嫁が呟きます。

そりゃ、そうです。よく雑誌などで「芸能人がよくくる店」が紹介されていますが、そんなところですら、お目当ての芸能人に会えるのは稀なのです。いわんや、この十両という店は何も彼女の行きつけというわけではなく、数年前に一度きただけのこと。どだい、彼女はもうこの町を遥か昔に出て上京しているのです。何も起こらなくて当たり前すぎるほど、当たり前なのでした。

本編　その四

そして……遂にその日はきてしまいました。

夜の三時頃のこと、私は気配を感じ、ハッと目覚めました。枕元の小机の上にマナーモードにして乗せてある私の携帯が点滅しています。メールの着信があったのです。しかし見るのが嫌でした。見なくても、誰からか、何の知らせなのか、わかっていたからでした。

私は携帯をそのままにして、再び眠りにつきました。そして朝、洗顔を済ませた後でゆっくりと携帯を開きました。

「主人が 安らかに逝きました」

実はその前の夜、眠る前になぜか深い祈りに入ってしまったのです。酔いも手伝ってのことでしたが、身体が冷たくなってしまうくらいの深さに、嫁は驚いたそうです。しかし実はこのときにはもう、御主人は亡くなられていたのです。四月の末の、世間ではゴールデンウィークに沸く頃のことでした。

お通夜が行われる日にちょうど大阪で用事があったので、私は時間を潰しに一人で十両に入りました。お通夜の会場はここから近く、また私は平服でしたので、弔問客が引いた後でせめてお線香の一本でも、と思ったのです。というか、とてもシラフではいられなかった。

ビール大瓶を一本飲んで、さあ行こうとしたときのこと。例の激励会からまだ日も浅かったからでしょう、店のマスターが私を覚えてくれていました。

「そう、そんなことがあったんや……それであのとき一生懸命喋ってたんやねえ。ところであのとき言うてはったボーカルさんのことやけど、五月に大阪でコンサートあるよ」

へえ、そうなんだ。でももう、そんなことはどうでもよくなってしまった。フラフラと店を出て、会場に向かいました。そして、すっかり変わってしまわれた御主人とお会いしたのでした。次の日の告別式は夫婦共々参加させて頂きましたが、人目をはばからず号泣される須田正美さんを我々は正視できなかった。どうしてこんな可哀想なことが起こるのだろうか。

納得、できない。そして今現在の自分の力では、救えない。

この下りは、第一部「合気私考」の後書きに書いたとおりです。

何かが、込み上げてくる！

何かに、怒っている！

そう、こんな気持ちになったのは、九死に一生を得たあの震災以降では初めてのことだ。

俄然、私は彼女のコンサートに行きたくなりました！　それこそ、猛烈に行きたくなったのです！

遥か昔、今と同じように心がムシャクシャしていた高校時代、彼女の声で癒された。

聴きたい！　もう一度彼女の声を！

あの透明な声を！

青く澄んだ声を！

今こそ、もう一度！

チケットを買いにいくとほとんど満員御礼状態、最早ハスッパの席しかないがそれでよいならチケットはあるとのこと。

いや、むしろ有難い。こちらは一人で行くのです。万が一にも知り合いなどには会いたくない。末席にて静かに彼女の声を聴きたかったのです、あくまで孤独に。そして誰にも気づかれず。そう、こんなよい年になった男が流すかもしれない涙など、誰にも見られてたまるかッ！

そして五月のある土曜日の夕方のこと、私はコンサート会場に足を運びました。

折しも世間では、新型インフルエンザが神戸で見つかったと大騒ぎとなった、あの土曜日のことです。

それから約五分の後、私もそれに負けぬくらいに「大騒ぎ」になる運命など、このとき誰が想像し得たでしょう！

急転直下！　昭和町ドリームの章、次節にて完結！

完結

長いエスカレーターに乗り、会場の入口に着きました。見渡せばその女性ボーカリストと同じ年代のファンの方々で一杯！　う〜ん、還暦パワー（失礼ッ！）。しかし全く知り合いもいない様子、何よりだ。念には念を入れて……誰にも顔を見られぬように、私は壁に向かってしゃがみ込みバッグの中からチケットを取り出そうとしました。

そのときです、突然背後から女性の声!!

「あの〜……十両さんにいはった人ちゃいますやろか」

なッ…何ッ!?

何、何、ナニィイイッ？？？！！！

焦りの極みで振り向けば、全く知らないオバチャンがッ!!!

「なな、なんやねんッ！　あ、あんたいったい、ダレやねんッ!!!」

正直、これがその瞬間の私の心の中の声でした。全く不意を突かれ、しかも全然会ったことのない人からいきなり声をかけられ、私の身体は完璧にフリーズ！

「あ、やっぱりそうや。私、あのとき店にいてましてん。一生懸命喋ったはるな〜思て、覚えてましてん。ほんで私ら、今日歌う彼女の同窓生ですねん。ほな、また」

そのオバチャンは一人で語り一人で納得し、ポカンと口を開けて立ち尽くす私を尻目に、奥の上席へと消えていきました。

ほ、ほなまた……って、エ〜、エエ〜、エエエ〜？？！！

まるで狐につままれたような気分でした。おかげで音楽鑑賞どころの騒ぎではなくなってしまい、せっかく三十一年振りにコンサートにて彼女の生の声を聴いている最中でさえ「いったい誰やねん？　どこにおったんや？　あんな人、十両におったっけ……？」ともう、そのことばかりが気になって気になって（笑）、「う〜ん、これは再度、十両へ行くしかあるまい」と考え込んでしまったのです。しかしさすがにそういう雑念も……徐々に消え徐々に去り、う〜ん、ヤッパリこの人の声は、俺にとってはまさに天使の声……。

しかあし！　それから一週間と置かずに十両に飛んでいった。そして全てがわかった！

そのオバチャンは川畑さんといい、十両の常連中の常連。だからあの激励会のときにもカウンターにいた。しかもその女性ボーカリストとは幼馴染みで、中学まで一緒だった。そもそも十両に彼女を引っ張っていったのもこの川畑さん。さらに十両のマスターともツーカーで、先日私が須田さんの御主人のお通夜前に十両に寄った際にも、マスターから川畑さんに「あの男がまたきた」と連絡があったそうな。

へーーーッ!! そうだったのかあ!

あの方と同期のオバチ…いや、し、失礼! 同期であらせられられ……アレ?

その日、十両で川畑さんやマスターと親しくお話をさせて頂きました。そして、川畑さんが言われました（敬語になってる……）。

「炭粉さん、彼女に会いたい? ええよ、今度会わせたげるわ!」

ま、まま、満願成就〜!!! しかも……こんなにあっけなく。そして事実八月に某市で開かれたコンサートの後、川畑さんはじめファンの方々のお骨折りを得て、私は……会ってしまうのです彼女に（この場を借りて、あのときに私達夫婦を招いて下さったファンの方々に心からお礼を申し上げます。本当にありがとうございました）!!!

これにはさすがの保江先生も驚かれたことだろう。公言していた周りの友人知人は皆ブッ飛びました。

「まさか、本当に会ってしまうとは！」

そして嫁が最後に言いました。

「やっぱり、ね！」

さて、その感動興奮の八月から、少し話はバックいたしまして、元の十両における我々三名の会話に戻ります。

そのとき、川畑さんがしみじみと語ったのです。

「でもね～ホンマ不思議や。私めったに知らん男の人なんかに近づいていって声なんかかけへんのに……なんであのときはそんなことしたんやろか」

微かに、幽かに、何かの予感がありました。だから次の日に岡山の保江先生に一部始終をお伝えしたのです。すると、この川畑さんのセリフに先生は驚かれた御様子で「炭粉さん、偉い！　よくやった！」と褒めて下さったのでした。ところが当の本人は「えー？　何が偉いんだろう？　俺って何かしたっけ？」と全くわかりませんでした。ところがそれから三日後、往診のためにバスを待ってたときに突然閃いた！

「あ……そうかッ！　これが、これが非接触合気なのか!!」

「そうです炭粉さん。そのとおりです。気がつきましたね。よくできました！」

保江先生からまたまた嬉しい御返答を頂き、私は舞い上がってしまいました。後にこそ原理的には合気に接触／非接触の違いはないことに気づくのですが、まずこの気づきがなければそれもわからぬことだったのです。師は私のレベルに合わせ、そのときそのときに適切な助言をして下さるのでした。そして私は先生がかつて語って下さった、あのエピソードを思い出していました。そう、カウンターに座っていた女性が突然ワインを注ぎにきてくれたという、あのエピソードを。さらに、恐らく機が熟したのでしょう、もう一つ、急にあることを思い出し申し上げたのです、先生に。五月二十六日のことでした。

「そういえば昔、浪人の頃でしたか、荒涼とした風景の中で二人のカトリック僧が粗末な法衣をまとい素手素足のまま山に登り、格闘技のようなことをしているのをテレビで見たことがありましたが……今思うとあれこそが……」

その知らせを受けたときの保江先生の凄まじい驚き様、そしてまた先生から「彼こそ若き日の隠遁者様、エスタニスラウ神父！」と聞き及んだときの私の驚きようは共に保江先生の『唯心論武道の誕生』後書きに描かれているとおりであります。

予定調和、それは非接触合気が織り成す奇跡。

長々綴ってきたこの物語は一人、炭粉良三のものだけではありません、決して。

皆様もどうか、過去を振り返ってみて下さい。

あのとき、あの瞬間、おお……あれは、あの出来事こそは！

きっと誰しも、思い当たるフシがあるはず。

そうです、それが、そうなのです。

合気は、全て非接触合気なのです。

接触することでかかる合気といえども、この非接触合気があるからこそかかるのであって、いくら接触を伴う行動を真似ても、この非接触合気が発生しない限り、合気の術はできません。

動き方に、合気を求めてはなりません。

目に見えるものに、惑わされてはなりません。

合気とは、動き方や行い方などとは、全く異質のものなのです！

どうか、それをわかって下さい。

合気の階梯の章にて私は申し上げました、人の見えざる部分は少なくとも二層構造になっていると。そして合気で調和するのは、その奥の層の方だと。

今こそ、その奥の層を、こう呼ぶことにいたしましょう。

「魂」と！

合気の可能性

合気とは何か

ここからは、現時点で合気が応用できる範囲と私が考えていることを書こうと思います。

ところで、「合気」とは本当のところ、何なのでしょうか？

その定義については非常に漠然としていて、ハッキリ「これが合気だ」などと決めつけることは難しい。だいいち、こと自分に関していえば、私は大東流の門下でも何でもありません。冠光寺眞法の保江邦夫先生の合気と遭遇し、共にサシで二回稽古をさせて頂いたにすぎない。にもかかわらず、合気についてはそれが本物なのか偽物なのかはわかります。著述についても嘘か真かはわかります。なぜか？

申しわけありませんが、それにはお答えできないのです（秘密だという意味ではありません。

私の能力を超えているのでできないという意味です）。ですから、その定義がハッキリしない合気の応用など本当は書けないはずであり、書いたとしてもそれは……それ故に科学たり得ません。単なる私のエッセイのようなものにすぎなくなるのを百も承知で、書き進めてみます。

どうしてそうまでして書くのか、それはひょっとしたら（特に）医療に従事しておられる方々にはわかってもらえるかもしれないからです。そしてそれがとても大切なことなのだと思うからです。

とはいえ、はじめにできるだけ合気の概念を自分のできる限りの範囲ではありますが、描いてみます。

まず、合気が武田惣角によって世に出た、剣術の技術を応用したものらしい……とは、よく言われるところです。しかし剣術の技術と言っても、前章・前々章で述べたようにそれは決して身体の動かし方などではなかったはずです。ここを本当によく間違えるのです。考えてみれば当たり前なのですが、何もリベット博士を持ち出さずとも我々は通常、我々が思ったとおりに動きます。「意に反して」動くこともあるではないか、と言われる方もおられるでしょう。たとえば本当は早く帰りたいのに上司に言われた残業をするときのように。しかしそれは結局「意に反した」行動を取ろうと自分が思ったからです。だから、武術に限らず全ての行動の技術とは結局それら行動に先行する「思い」の技術になるのではないかと考えられるのです。

つまり合気とは、人間をして特定の行動を誘発させる（または導く）、身体の動きに先行する見えざる部分の技術ということになりましょう（今敢えて「心」と書かずにややこしい言い方をしたのは、心と言ってしまえばこれまた……その定義がマチマチになってしまうからです）。

ところで剣術の世界では、合気とはむしろ悪い意味で使われていたこともよく知られておりま す。「敵の合気を外さねばならない」と言われるように、元々合気とは相手と調子が合ってしまうことを意味したようです。宮本武蔵も『五輪書』にて、敵が早くくればこちらは遅く、遅くくれば早くと調子を外すことを説いております。フルコンの試合などでも本来もっと素早い行動が取れる選手が相手の遅いペースに順応してしまい、同じ調子で叩き合ってしまうということが起こることがあります。まあ、こんなときはセコンドや応援の方々が「どうしたんだ！　いつものようにもっと回転を上げろ！」と叫ぶことになるのですが、それが聞こえるのか聞こえないのか、本人は相変わらず同じペースにハマってしまい続け、結果「引き分け」……。

そう考えると、確かに武術においては合気は悪い現象と言うしかない。ところで、ではどうしてこんなことが起こってしまうのでしょうか？

それについては昔から武術の世界で随分研究もされてきたようです。宮本武蔵も同じく『五輪書』

で「うつらかす」ということをよくよく吟味工夫せよと語っておりますが、これは誰しも経験があるように、誰か一人がアクビをすれば次々にそれが移ってしまうという現象です。また、道を歩いているときに向こうからも人がきて、こちらが避けた方向に相手も避け、さればと逆方向に避け直したら向こうも同じ行動に出、それが数回立て続けに起こってお互い苦笑い……なんてのも、大概の方々が経験するところだと思います。

そう、人間の行動はこのようにときとして移ってしまうのです。この現象を「合気」だとすれば、たとえば武術の試合においてこれにハマってしまわずにむしろ応用し、こちらの遅さを相手に移し（これを「うつらかす」という）、それが移った瞬間こちらは早いペースに切り替え（これを「合気を外す」という）猛然と打って出て、勝つ。

普通はそういった解釈がされているようですが、私の場合は少し違います。むしろ、後半の部分が逆になります。お互いペースが合った攻防のまま、さらに無想となって敵意を抜いてしまって動くのです。なぜなら、まずはじめにペースが合ってしまう現象を生み出す原因こそが合気の入口というか、母のようなものだと考えているからです。しかし、この「お互いに移ってしまう」という現象は常に起こるわけではありませんから、ペースの合ったままで戦い続けているケースは、私に言わせれば「移ってしまう」のに必要な特殊な条件を満たしているという意味で、普通の攻防よりも遥かに極意に近い状態だということになる。

「そんな状態のままならば、また引き分けじゃないか！　お互い、勝負などつかない！」

ごもっとも。それが、それこそが私の考える合気なのです。

第一部「合気私考」にも書きましたが、そもそも合気とは勝負のステージにはない全く威力の伴わないものだと思っています（先ほどのフルコンの試合では、準・合気状態ではあるものの、まだ敵意が残され互いの突きに威力が残ったままです）。ここから一歩進むのです）。打ったり投げたりした方も勝利感はなく、また打たれたり投げられたりした方も敗北感がない……合気とは実に、そういったものなのだと。これは自分の経験をとおして語っているのです。

つまり、もし武術の試合ならば、ここからもう一歩進み、お互いペースが合った（準・合気状態の）ままで片方がなにがしかの攻撃（と言ってよいのかどうか。とにかく普通に外野から見ていて攻撃技と見える行為）をあくまでその状態のまま敵意を抜いて行えば、相手はその行為に同調して崩れる（と言ってよいのかどうか。とにかく外野で見ていて崩れると見える行為）のです。

ですから武術における合気の技とは、このような状態から如何にしてその状態のまま、無想となって自分の方から攻撃（に見える）動作に入るか、そのための（身体の動きに先行する人間の見えざる部分の）方法だと、私は定義している次第なのです。もっとも、ハナから合気状態に入りさえすれば、準・合気状態でのペースの合った攻防も何もないのですが。

この私の考えが正しいのか誤っているのかは、わかりません。ただ、こう思うことにより、何度も言うように合気を（筋力行使をも含む）肉体の動き方と取ってしまう落とし穴にハマることだけは免れると思っているわけです。そして確かに「移ってしまう」「合ってしまう」という現象には、それが常に起こるわけではないが故に先述した「合気の母」の如き気配を感じるのです。合気そのものというよりは、そう、気配！　合気を「かける」「かかる」「伝える」「伝わる」部分において……。

さて、ここで実に感慨深い思いが私にはあります。

日本武術において（否、どの国においてもでしょうが）、武術とはあくまで人を殺傷する技術だったはずです。それさえできればよかった。しかしそれを追求していった先の究極が合気の発見だったとすれば、ここにおいて見事な大どんでん返しが起こる！　敵意に満ちて剛にぶつかろうとすれば相手も同様にくる。それが移る（剣術用語いうところの「合気される」）からです。俗にいう

「売りコトバに買いコトバ」。このとき、自分から敵意を抜き、そしてあたかも相手を倒すのではなく敵意を抜き去ったままま（そう、あくまでそのままで）抱きしめようと見える行動に（同じく剣術でいう）合気された相手はシンクロし、逆らうことなく崩れる行動を見せる！

ですから柔術系の技ならば、ここで（この意味での）合気を外す必要がない。だから柔（やわら）と呼ぶではないか。ところが、これが剣や拳の技ともなれば、どうもイメージが違う。「剛」のイメージだから……そうでしょうか。私には同じに思えるのです。

だからこそ、果たし合いには刀なのです。刀などの刃物の武器攻防なら、シンクロしてしまった相手に明日はありません。しかしたとえ真剣を持ったこの場合でも、同じく敵意を捨ててしまわなければこの境地には至れないわけですから（決定的な勝負は後ほどついてしまいますが）。そしてさらに、それらのことに気づいた剣の名人達はだからこそ最終的に真剣を捨て、木剣に持ち替えたのではないか……優劣を問うのに殺し合う必要などないと。そう、巌流島の決闘における武蔵のように！

それが事実だったのかどうかはわからない。しかし文豪吉川英治先生はそれを描く最終章「魚歌水心」にて書かれたではないか。武蔵と小次郎の差はなかった、敢えて言えばそれは精神と技の差だった、武蔵は精神の剣であり小次郎は技の剣であったと！　そして……流れにまかせて雑魚は泳ぐ。けれども誰がその流れの下に在る水の深さを知ろうか……と結んでおられるではないか！

吉川英治先生はきっと……気づいておられたのだ！

そう、もしそれが正しければ……ここに実に不思議な東西の一致に辻褄が合うこととなるのです。それは……。

「汝の敵を愛し、汝を憎む者達のために祈れ」と主張した、イエス・キリストです‼

癒し

「さあ、立ちなさい」

そうイエスが言われると、その足の萎えた人は喜び勇んで立ち上がった……。

新約聖書の中で描かれるイエスの奇跡譚の中で、この下りが私にはどうしても合気上げに思えてならないのです。

保江先生の『合気開眼』に出会う前、私は合気上げとはつかまれた腕を上げるものだとばかり思っておりました。そしてこれに一時必死になって取り組んだ時期もあった。その結果、たとえ相手が腕立て伏せの状態（しかもその腕立ての姿勢の相手の両足を高い所に引っかけて、我が腕にかかる相手の体重を増させるということまでしました）でも上げることができるようになりましたが、今から思えばバカみたいなことです。そんなテクニックなど、合気には何の関係もありません。ただ名前が「合気上げ」なだけ。

これだけは何度言っても言い足りることはないでしょうが、全く立つ気などない相手がなぜか立ってしまうところが合気なのです。つまり上げ方などではなく、前章で私が「魂」と呼んだ（もっともこの呼び名に拒否感を覚えるなら、別に名前など何でもよい。ただ我々の普段「自分」だと思っている意識のさらに奥にある、もう一層の部分）ところとのシンクロができるかどうかだけが問題なのです。それができれば相手は（意に反して）勝手に動くという合気現象が顕れるのです。これ以外に合気はあり得ません。

ところでイエスはこの業以外にも色々な奇跡を顕し、実に様々な疾患を持つ人達を癒していますが、ここでは足が立たない人を癒す場合を取り上げて検証してみましょう。

そこでまず、合気上げについて。どうしてあんなことが起こるのか。

保江先生の『脳と刀』には「これはドーパミンがかかわっているのではないか」という仮説が述べられています。

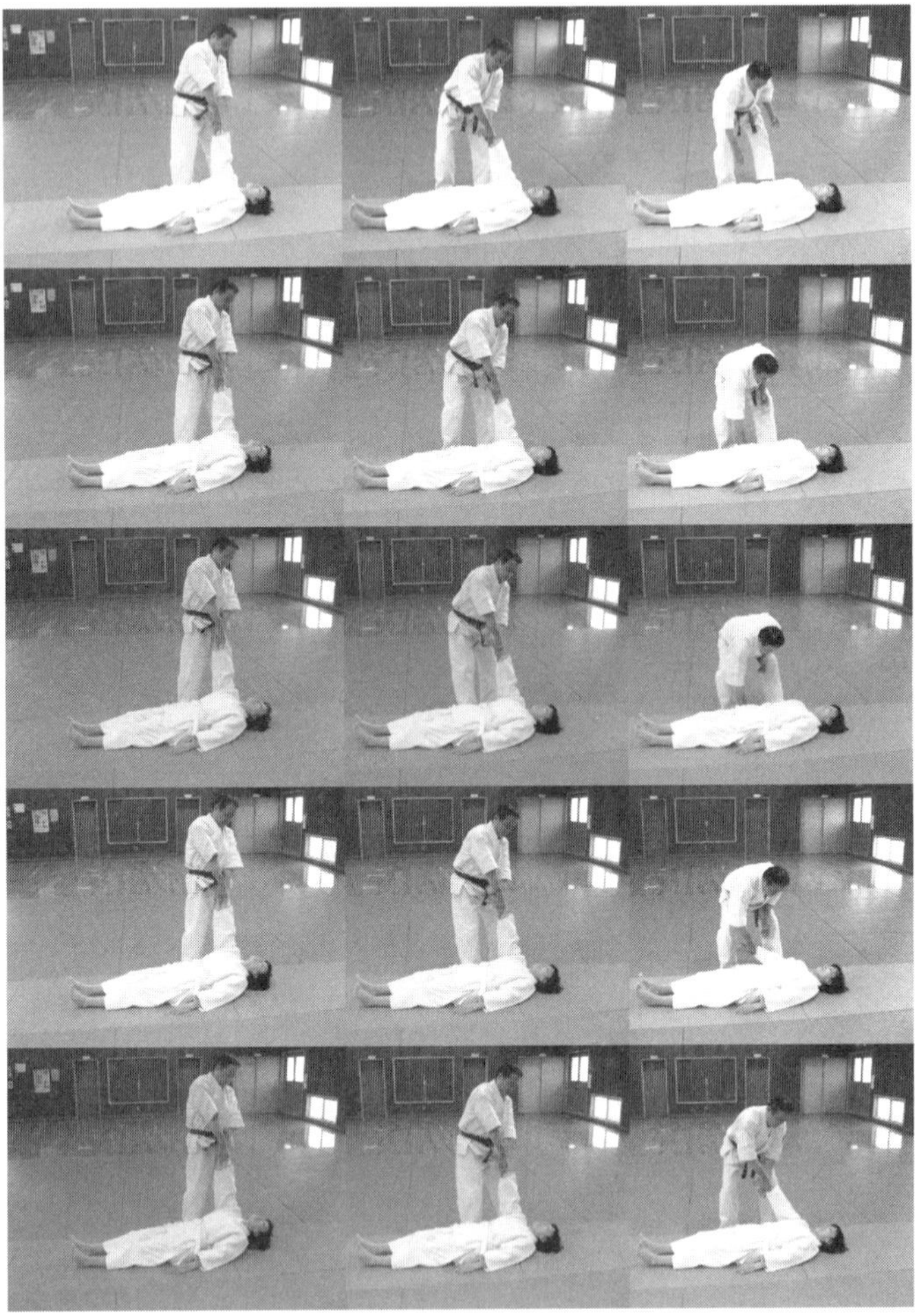

力起こし

仰向けに横たわっている相手の片手を握って力で起こそうとしても、重くて起こせない。

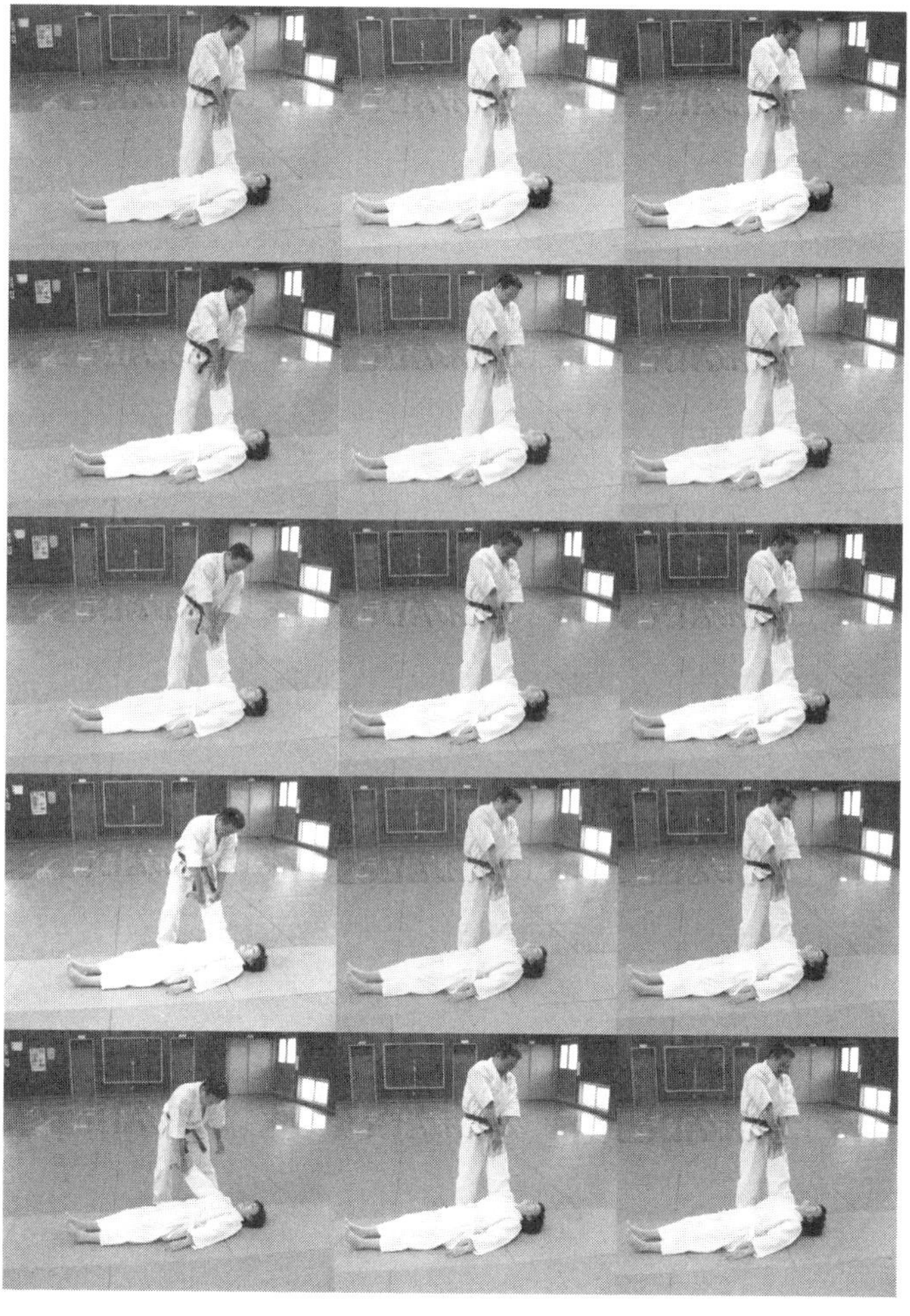

力起こし２

合気起こし

仰向けに横たわっている相手のことを大事に思い愛する、つまり合気を用いながら相手の片手を握って起こすならば、相手の身体は横たわったままになろうとする相手の意思とは無関係に自発的に起き上がってしまう。

これは冠光寺眞法における最も基本的な稽古であり、「愛魂起こし」とも呼ばれている。

合気起こし２

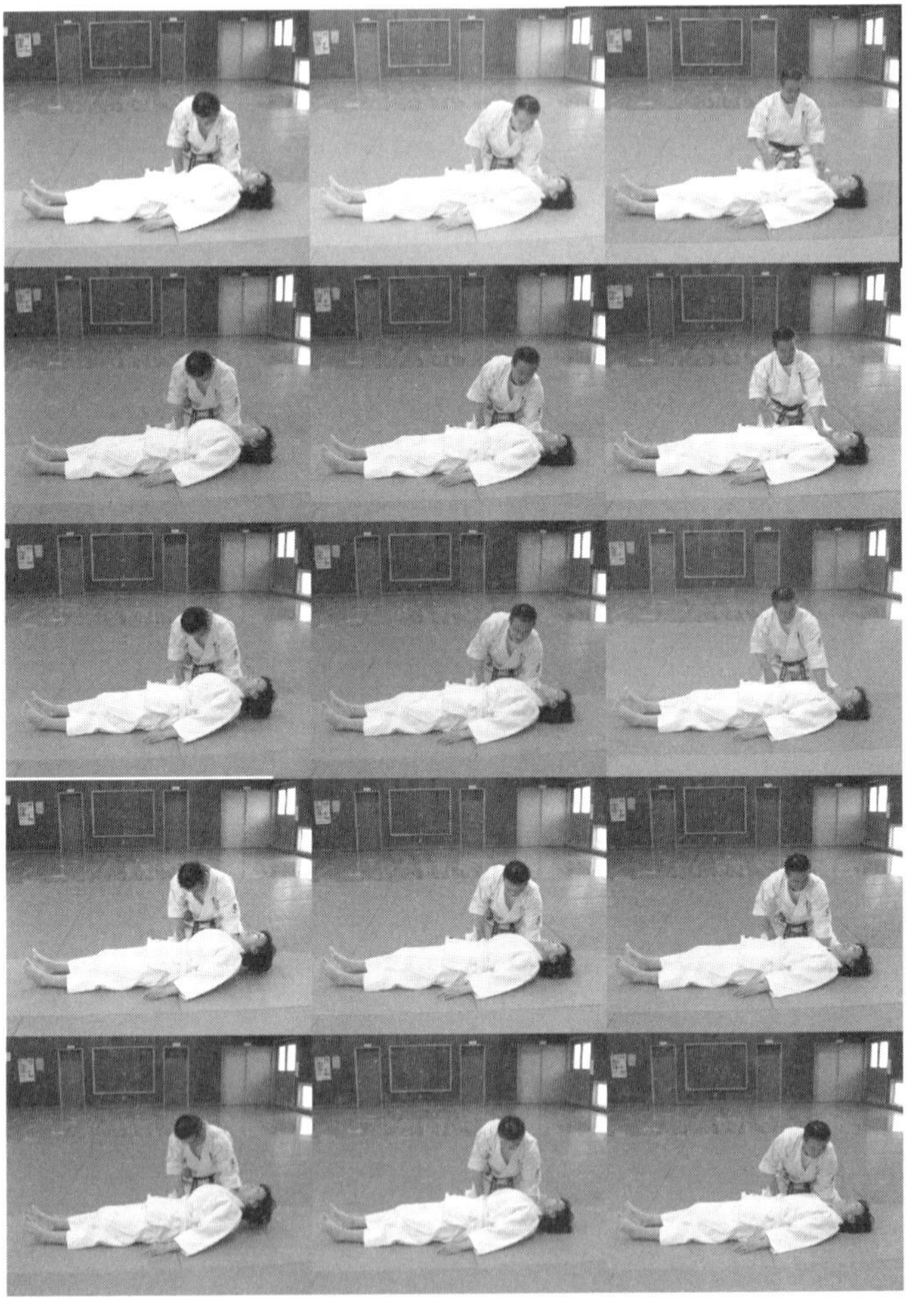

力抱え起こし

仰向けに横たわっている相手の首と肩の後に腕を差し入れて上半身を力で抱え起こそうとしても、相手の上体が重くて起こせない。

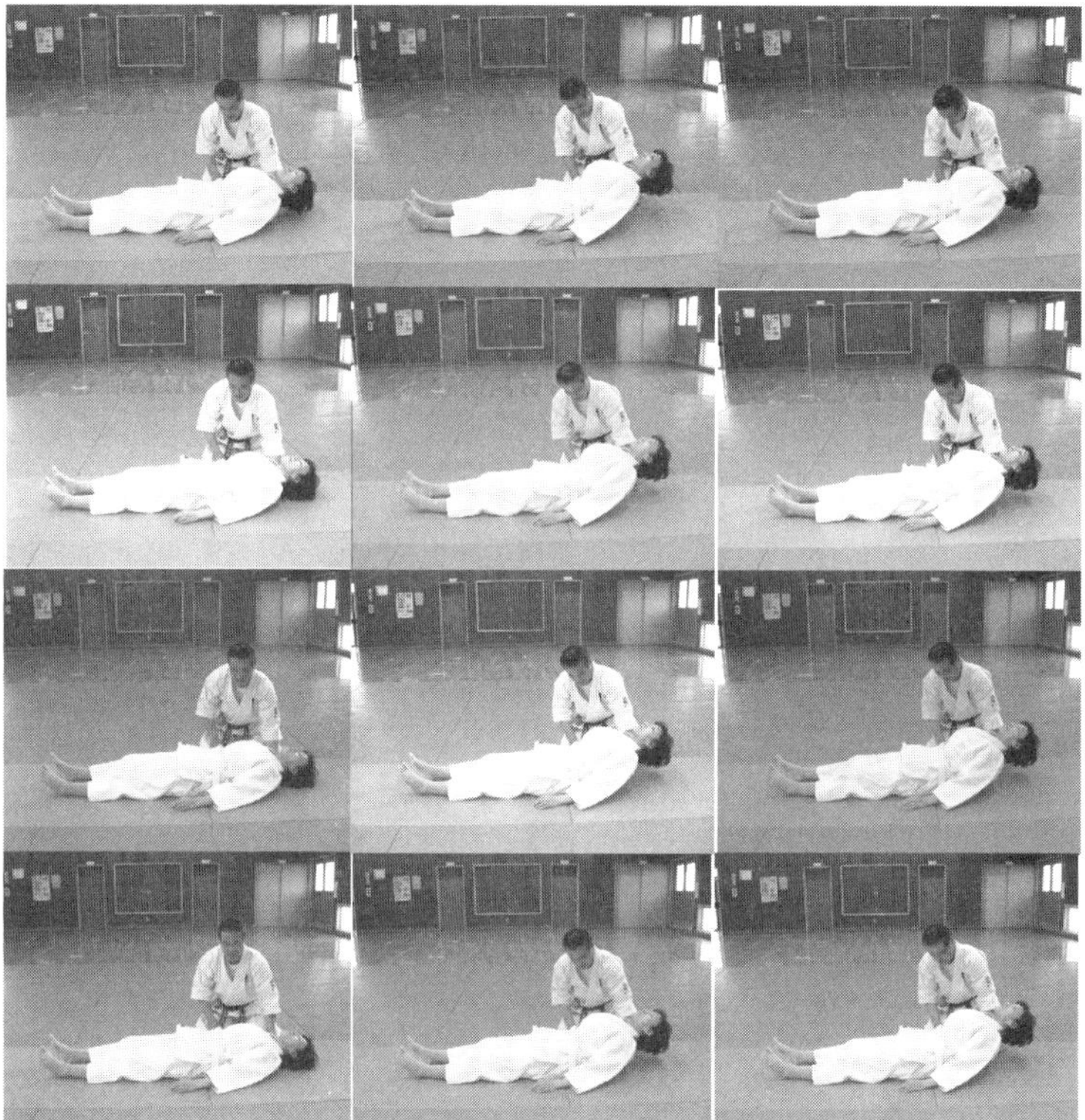

力抱え起こし２

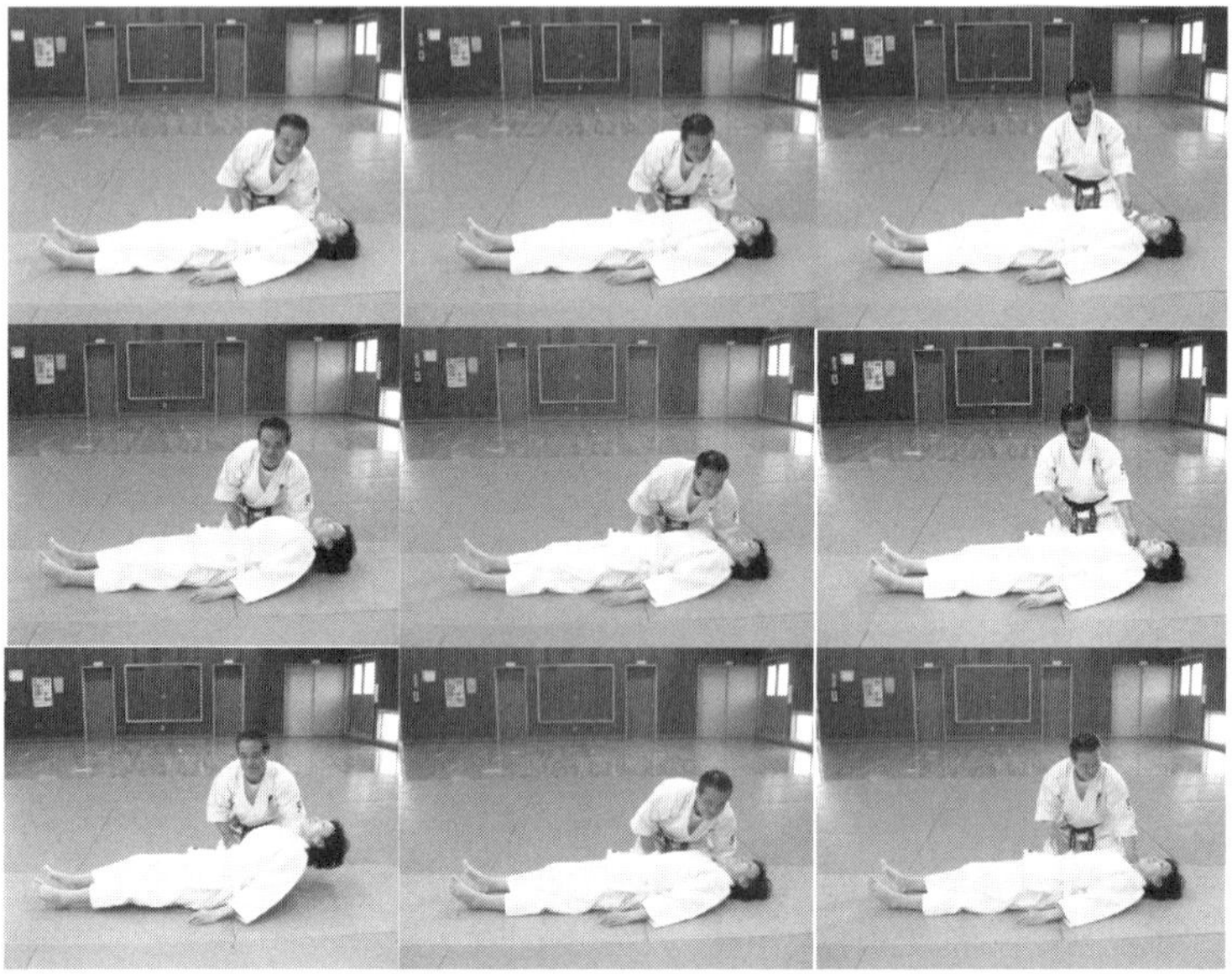

合気抱え起こし

仰向けに横たわっている相手のことを大事に思い愛する、つまり合気を用いながら相手の首と肩の後に腕を差し入れて上半身を抱え起こすならば、相手の上体は横たわったままになろうとする相手の意思とは無関係に自発的に起き上がってしまう。病人や老人の介護現場においてこれを応用するならば、介護者が介護しようとする相手を心の底から愛しいたわることで、介護者自身の身体労力負担を大いに軽減することができる。

これも冠光寺眞法における最も基本的な稽古であり、「愛魂抱え起こし」とも呼ばれている。

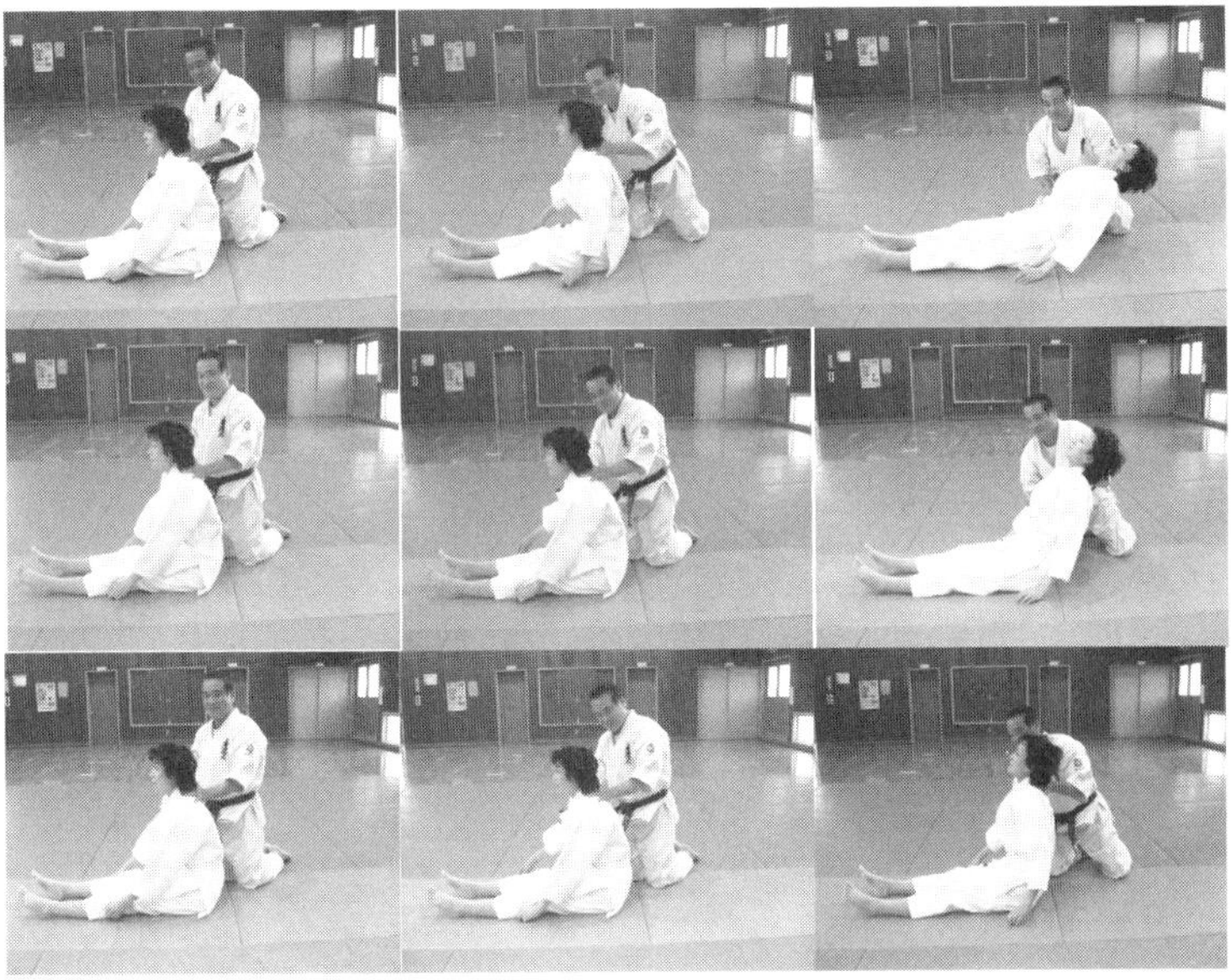

合気抱え起こし2

確かに！　というのも、私の得意種目（?）に女性の鬱病治しがあります（ちなみに男性の鬱病は残念ながら私ではまだムリです。男性の精神力は女性のそれに比べ遥かに弱く、それこそ心が木端微塵に砕けてしまうためです）。以前保江先生から「合気上げのとき、相手が楽しい気分になればなるほど高く上がる」とお聞きしていたので、ドーパミンの関与は充分考えられます。さらに私はそれ以来、自分の治療法を冠光寺眞法の理合に完全に変化させました。つまり鬱を治すときには合気上げを使うのです。すると確かに初めはまるで石の重たいお地蔵様のように全く上がりません（もっとも、鬱の人に「やってみましょうよ」とこれをさせるのも一苦労ではありますが）。

ところがです、治療数回にして明らかに変化が訪れるのです。そして十回目くらいになると、指でも上がってくれるようになる。それこそ少し腕を上げようとしただけでバキューン!!　という感じで。そして鬱が治ってしまうのです。ということは、まさにドーパミンが多く分泌されているのでしょう。このホルモンは快楽ホルモンです。楽しいことを行いワクワクしているとき、我々の中で分泌されている。同時に身体を動かすことに関与もするわけですから、まさに合気上げはこの病気に対しては治療になるどころか、どれだけ治ったかのバロメーターまで兼ねてくれるのです。

そして……ドーパミンと聞けばすぐ思い出されるのはパーキンソン病、及びその裏の病であるハンチントン舞踏病。ともにドーパミン分泌異常によって引き起こされる病気ですが、これを合気が救える可能性を私は否めません。なぜなら合気は合気上げのときにはドーパミンを出させ、また突き倒しなどの投げのときは逆にそれの分泌を止めてしまい相手を動けぬ人形と化してしまえるからに他なりません。

これを踏まえて先ほどのイエスの足の萎えた人を救う場面を見ると如何でしょう？　合気上げに見えるではありませんか！　足が萎えて動けなくなった人とは、パーキンソン病の人だったのかもしれない。またさらに暴れ回る人とは舞踏病の人だったのかもしれない……それを見事に癒してのけたイエス・キリスト。

その彼が説く「汝の敵を愛せよ」という極意。

あまりに不思議なことですが、合気を探究すればするほど、イエスの極意と合気とが接近し一致するのです。片や治療、片や武術なのに、です。ドーパミン制御による効果はこの場合、一致するのです！

もしこの考察が正しければ、保江先生は大東流・佐川幸義宗範とカトリック・エスタニスラウ神父という偉大な二人の師から、技に至るプロセスは異なるにせよ現象的に同じ「合気」を学んでおられたことになる。そして合気を悟られた。このことに今の私には全く違和感はありません。しごく当然の成り行きです。

ではいったいなぜ合気によって、ドーパミンが出たり出なかったりをコントロールできるのでしょうか？　私はここに第一部「合気私考」にて書かせて頂いた「時間」というものが大きく関与していると思うのです。我々の脳が経験などから捏造する仮想空間としての(0.5秒過去の)「現実」。しかし実はその前に真なる「今」は成立し、無念無想の合気の動きは約束事の仮想世界を打破して真実広がる本当の「今」にある。その動きを食らった脳は大パニックを起こし、その機能は誤作動に満ちる。その誤作動の故にドーパミン分泌異常やその他の通常では考えられない一時的異常を相手の身体は起こすのだと。不思議な副産物「笑ってしまう」を伴って(東洋医学では、笑うことは心臓が受け持つとされています。合気により脳がパニックを起こし、その結果心臓に宿る魂が解放されると考えると、おもしろいと思います)……。

さて、自分にとっては、まず男性の鬱をも治せるようになることが目下の課題です。そのことに絡むのですが、最近誠に興味深い病気を知りました。

皆様はジストニアという病気を御存知でしょうか？

これは「自動化されている人間の動作を制御する脳のプログラムが壊れ、筋肉が意図した動作を取れなくなる状態」になる病気なのだそうです。そして私はそれを患う男性と巡り会ったのです！

治療法はまさにパーキンソン病処方の内服薬を飲むか(これはあまり効かないらしい)、神経ブロック注射によって麻酔をかけ、神経の異常な信号伝達を妨げる。あるいは筋肉にある種の毒（ボツリヌス毒素）を少量注射して強制的に弛緩させる。さもなければ……頭に磁気を発するコイルを当て、脳の異常な信号を抑えるか、手術によって直接脳の大脳基底核に電極を入れてペースメーカーで脳の信号を制御するしかないそうなのです（参考・毎日新聞）。

とにかく摩訶不思議な病気で、私が知り合った方の場合は「左を向こう」とすればどういうわけか右を向いてしまうらしい。自分ではどうすることもできなかったが、やがてコツをつかんだといいます。ある動作をすると、遠回りにはなるが左を向くことができるのだそうです。その方から頂いた毎日新聞の切り抜きにも百年前に撮影された女性のジストニア患者の写真と共に、それが説明されています。彼女の場合は真っ直ぐに立つことができなかった。ところが、あごと腰に手を当てると真っ直ぐに立てるのです！

これを「知覚トリック」というのだそうですが……その方からジストニアに関する一連のお話を聞いたとき、私は内心「これってモロに合気の極意じゃないか！」と驚いたのです。また、その方も実は保江先生の『合気開眼』と『唯心論武道の誕生』を読まれて、御自分のこととこの病気について私に語って下さったのでした。彼も関連を感じておられるのです。

そこで私達は合気による治療を実験してみることにいたしました。むろんどうなるかはわかりません。しかしそんな方と知り合えたのも予定調和に違いない！　是非とも研鑽し、パーキンソンやハンチントンをはじめ様々な病に対しての治療応用を試していこうと考えているところなのです。

きっと、この先に癌治療への道がある！

我が父を奪った癌。

須田正美さんや彼女のお姉さんから御主人を奪った癌。

合気はそれ故に、どうか医療に携わる方々の間にこそ、伝わっていってほしいと切望するのです。そしてそれは同時に……混沌たる今の世に第二のイエスを誕生させる可能性までをも秘めているのです。

ただし、誤解しないで頂きたい！　第二のイエスとは、マガイ物の新興宗教の教祖などでは断じてないッ!!!

聖書中の彼の言葉にも「偽物が多く跋扈するであろう。気をつけなさい」とあります。だから、だからこそ武術や治療術が大事なのです。口先だけ立派でも、はたしてかかってくる敵を制することが本当にできるのか？　難病を治すことが本当にできるのか？　これができなければ、全くの無意味！　否、できないならば無意味どころか、人類にとって害なのです！

それができるようになるために、休む間もなく稽古・修行しかないのです！　そして日々試してゆくしか、ない！　絶対！　その意味で、合気とはフルコンなのです!!!

かけたつもり、かかったつもりの馴れ合いの世界の中で、立派な教義や理念とやらが一人歩きを始める……冗談じゃない！　もしそんな世界が合気というのなら、それは……強くなりたい一心でこうしている間にもどこかで……フルコンの痛く苦しい修行を必死で続けている白帯修行者の渾身の一発の正拳突き、一発の前蹴りの方がよほど、よほど、合気なのです!!!

フルコンをしていて、本当によかったと炭粉良三は思っています。

これは決して、保江先生の合気に完封されたことに対して悔し紛れに言っているのではありません。

実証しなければならないということなのです、全てのことは！

合気の稽古論

長々綴ってきた第二部「続・合気私考」も、そろそろ終盤に入りました。

保江先生を通じて合気の実在を嫌というほど思い知らされた一年と七か月でした。

何とかつかみかけているその技は……しかしながらまだまだ切れかけの蛍光灯。自分も益々稽古を積んでいかねばなりません。岡山で冠光寺眞法を修行されている方々もきっと、同じ思いを抱いておられるはず。その方々の稽古の足しになるかどうかはわかりません。それこそ、おこがましい話です。せめて少しでも参考になればと、最後に自分が感じた／考えた稽古を述べてみようと思います。

合気の階梯の章で御紹介した、蹲踞突きや反作用上げ。このうち前者の蹲踞突きは、ある意味とてもよい稽古になります。これによって相手が崩れるという経験をすることは合気探求にとってプラスです。なぜなら、あの蹲踞という姿勢は（あくまで背筋真っ直ぐに！　前傾してはなりません。姿勢による自我の抵抗を生むからです）たとえば壁を突いたらひとたまりもなく自分がひっくり返るように、反作用に対する自我の防御ができません。つまり強制的に自我を消去するという意味で、優れた型だといえます。反作用が返ってくるはずなのに、相手が人間ならそうはならない不思議。自分の頑張りを消すことによる不思議な効果を、これにより味わうことができるのです。

慣れてきたら、今度は立ち技に移行して下さい。相手にしっかり前屈立ちになってもらいます。そして伸ばされ重ねられた相手の両掌に対して自分は決して前屈せず、ただ左右に足を肩幅ほど開いて立ちます。そして姿勢はあくまで真っ直ぐ。試しに壁を突いて、反作用で自分が後ろにひっくり返りそうになれば正解です。その立ち方で相手の掌を打つ。すると面白いことに前屈している相手の方がバランスを崩します。もし崩れなかったとしたら、自分の心の中にたとえ少しでも突こうという意識があり、僅かに前傾していたか、足の指側に重心を移したか、さもなければ微かに自分の立ち方が無意識のうちに前屈になっているということです。

自分を捨てて真っ直ぐに立ち、足の裏全体（否むしろ踵）に体重を乗せ、ロボットになったつもりでバランスを制御しようとする脳の無意識下での制御を断つのです。これはその姿勢さえとればそうなるという蹲踞に比べて数倍難しいでしょうが、合気への入口。ただし忘れてはいけない。保江先生の突き倒しは突く方の姿勢、突かれる方の姿勢を問わないということを。そう、だから入口にすぎず、しかも扉は閉まったままではありますが、とにかくそこへは辿り着いた。そういう稽古であります。

さて次に反作用上げ、つまり反作用増幅返しの合気上げですが、確かにこれでも相手が人間である故に起こす合気シンクロ現象を見ることはできます。しかしこれに習熟するよりは、合気上げは本当の合気を使って「合気上げ」だけを稽古した方がよい。なぜなら、蹲踞と違いこの方法は相手を押して自分が下に沈むという力の意思が明確にあり、合気の心を失っているからです。

たとえ反作用が増幅されて返ってくるのを相手の脳が分析できず、その結果合気シンクロを起こしたとしても、はじめに問題ありき、なのです。むろん、無念無想の合気モードになろうとしてもはじめは全く上がらないでしょう。しかしそれでよいのです。やがて少し、そう、ほんの数センチ相手の腰が上がったら、それは大成功なのです。なぜならこのとき相手は自ら立ち上がろうとしたのですから！　その証拠なのですから！

この合気上げについて最も大切なことは、相手を立ち上がらせようとして自分の腕を上の方まで上げる必要は全くないということです。保江先生の分解写真を見て下さい。腕がほんの少し上がっただけで、もう相手は立ち上がろうとして自ら足を伸ばしてゆくのです。つまり、取の腕が受を上げているわけではないことに早く気づくことが大切。相手は勝手に上がるのです。自分の腕はただそれにつられてむしろ相手が引っ張り上げてくれるのですから。そうでなくては、どうして割箸などで上がるのでしょう？

何度も言いましたが、自我の奥にある見えざる部分が調和して、自我などお構いなしにシンクロ行動を起こすところが合気なのですから、相手の腰が数センチ上がっただけで合気の兆しなのです。また、これを地道に続けて腰が少し上がるようになったとき、「なんだ、力一杯押さえつけられていても、腕って少しなら案外動かせるのか」という常識変換がなされます。そう、その「ちょっと動かせる」だけでよいのです、合気がかかれば、重ねて言いますが相手は自分で立ち上がります。

そして遂に、押さえられても圧力を感じないときがきます。このときこそ、私が以前「非接触合気」

と呼んでいた合気が事前にもう、かかってしまっているのです。0.5秒前の真の「今」において。だから自我が作り出す仮想の「今」においては最早事後処理の残像として、あなたの腕は上がり相手も上がる、即ち真の合気上げの完成です。ここに至って、初めて指などを試します。が、少しでも圧力を感じたら中止して下さい。どうしてもやりたかったら鉛筆や割り箸を使いましょう。これなら失敗しても折れるだけです。指が折れるよりはマシ。

そして、ずっと書いてきましたように、合気を武術限定で見てしまっては動きのチェックという落とし穴にハマってしまいますから（実際これが一番厄介なのです。「動き方ではない」と説明しても、なまじ武術の心得のある方はそのときは納得して下さっても……次に連絡を取りますとまたもや動き方云々に逆戻りしておられるケースが多い。まあ、それはそれで悪いことでは決してありませんが、合気の進歩を止めてしまう可能性があるのです。突き方歩き方でも人は崩れます。型による合気現象誘発の可能性があるからですが、それはあくまでも接触が前提のレベルであり、この方法では次に進めないのです。さらに言えば、これでは治療に応用も効きませんし、あの川畑さんも決して私に近づき声などかけてはくれなかったことでしょう）時々は遊び心で色々試しましょう。

私がよくやる稽古（というか遊び）は……我が家の最寄りのゴミ出し場は、たまたま横がコンビニなんですね。でゴミ出しは私の仕事なので（アハハ……）いつもそこに行ったついでに、缶コーヒーを買ってコンビニの入口付近にボケーッと何にも考えずに立って飲んでたりすると、時々面白いことが起こるのです。逆方向からきた人がコンビニに入って買い物をした後、また元の方向に帰るところを、逆の方角に立っている私の方へフラフラと歩き出し、大概は私の前を通過する辺りで「あ、あれ？」と呟いて、踵を返して帰っていくわけです（笑）。

これは全くバカげた遊びではありますが、合気というものの核心を忘れないようにするためには大切な稽古だと、自分では思っています。

そして、最後に稽古について思うこと。

このように合気の稽古は存外道場の外での日常の生活をとおして発見したり、考えたりが大切だと思う反面、やはりフルコンでの激しく辛い稽古もまた、必要だと思うのです。如何に合気が我々の常識外にあり、筋力など全く関係ないといっても、実際護身のために戦わなければならなくなったとき、その度胸はこういった稽古でなければ決して得られません。保江先生は御著書の中では謙虚に書いておられますが、先生にしても大東流時代に木村達雄師範と相当な稽古をされたはずなのです。言われなくとも、炭粉にはわかる！

だから、合気の修行は楽しくゆっくり焦らずに。しかしいやしくもこれを武術にダウンロード、治療術にダウンロードすることを目指すなら、これとは別に厳しい稽古が必要なのです。

避けては決して、通れません。

そして、本当に最後の最後になりましたが、実は今回一番言いたかったことを。

昭和町ドリームの章の中で私は書きました。「必要なときに必要な師や事柄が与えられると感じる人はむしろ少数派でしょう」と。そして『望めば叶う』の中には嘘も入っている」と。そして「思い出して下さい、誰の人生の中にも予定調和はあったはず」とも。

お答えいたします、といっても私見ですが（あ、それでよいのか！　だって「続・合気私考」だもの）。

まずはわかりやすい例を一つ。ある人が神社にやってきて「ああ、自分は何て絵が下手なんだろう。神様、どうか私を絵の上手な人間にして下さい」と祈ったとしましょう。しかし願っても祈ってもダメなのです。なぜか？

それは再三言いましたように、頭で（つまり脳ミソで）願っても、その時点で0.5秒遅い！

つまりその時点で「絵の下手な自分」は既に成立してしまった後なのです！　たとえて言えば、0.5秒前にドアが閉まった電車に乗ろうとしているようなものです。当たり前ですが、絶対乗れません（笑）。

私は決して宗教者ではありません。特定の信仰も持ち合わせてはいません。しかし度々恐縮ですがイエスは「長々と祈るな。そんなことをしなくても、父はあなた方の望みは既に知っておられる」という言葉を残しています。物凄いポイントです（やはり彼は合気の極意を知っていたとしか思えない……）。「そういう経験をした人は少数派」と書いたのは、実は「気がついた人は少数派」と言いたかったのです。気がつく気がつかないにかかわらず、今まさに生きていられるということは、予定調和そのものなのです！　でなければ、どうして我々が存在し得ましょう。しかしそれが真の合気による予定調和であればあるほど、無念無想の0.5秒先の「今での願い」「今での祈り」。なにせ普通の方々にとってはこんな部分、認識など絶対できません。できませんが、ちゃんとやっているのです！

我々にとって最も不思議なこと、それは触れずに人を動かすことでもなければ、合気上げや突き倒しができることでもない、そう！　今ここに、こうしていられることこそが、奇跡なのです！

たとえ今、幸せであろうが！　不幸であろうが！　健康であろうが！　病気であろうが！

その我々の存在を成り立たせている膨大なる予定調和に比べれば、私ができ得た昭和町でのことなどミジンコです。それを知ることこそが、入口に固く閉ざされた合気の扉を開く鍵！

さあ、今こそ開けましょう。みんなで！

（物凄〜く、固かったりして・笑!!）

そして、その朝がきた

朝起きて、歯を磨き顔を洗った後、コーヒーを飲むために台所の椅子に座りました。

このときにもう、わかっていました。

これまで色々と書いてきたことが心の奥深くに沈殿・熟成し、綺麗に整理されて頭の中に浮かんできているのを。


「続・合気私考」をまとめます。


合気には接触／非接触の違いはなく、すべからく合気は非接触に起こる。

接触の合気に見えても、その接触や次の行動の中に非接触合気の原理なき場合、合気の「技」は起こり得ない。

この非接触合気は「時間」に対する悟りと「空間は幻想であり存在しない」という悟りとに因っている。

ところで接触と行動の中に強制的に非接触合気状態を発生させる方法論が「型」の真意である。それは「反作用に抗わぬ」「反作用を返す」ことを意味するが、それには「滅私」が「体現化」される必要がある。

このとき、滅すべき「私」とは何（何処）かを悟らなければならない。悟ることが、達することと同義である。それ故それを悟れば「型」の必要は最早ない。

汝等請ウ　其本ヲ務メヨ
白雲ハ百丈ノ大功ヲ感ジ
虎丘ハ白雲ノ遺訓ヲ嘆ズ
先規茲ノ如シ
誤ッテ葉ヲ摘ミ
枝ヲ尋ヌルコト莫ンバ好シ

（吉川英治著『宮本武蔵』より抜粋）

終わりに

「お会いしたかった……本当に！　荒れた若い時代に、あなたの声だけが救ってくれたのです」

ファンの方々と共にビールを飲みながら（もちろん、あの川畑さんも一緒です！）私達夫婦は幸福の極みでした。会って下さったその方は、本当に気どらぬ自然体で私達に接して下さいました。

綺麗な人でしたよ！

サインももらった！

記念写真も撮った！

もう、死んでもいい！（ホンマでっか？）

須田正美さんは、あの悲しみを乗り越えられつつあります。あれからケアのためにずっと往診に通っていたのですが、最早大丈夫でしょう！　そろそろ、治療から手を引かせて頂こう。

　ということは……間もなく昭和町界隈とはいったんお別れです。楽しい夢を運んでくれた昭和町、合気の理解をさらに進めてくれた川畑さんと十両のマスター、しかしその陰には、須田さんの悲しみがあった。そのことを、炭粉は決して忘れません。

　どうかいつまでもお元気で！

「え？　ほんならもう炭粉さんはココこおへんようになんのん？　ウソやん！」

「そやかて川畑さん、くるっちゅうことはまた須田さんに何かあったっちゅうことやん。そんなん、ない方がええやん！」

　アハハハ！　今この後書きを書いていて、突然川畑さんの顔が頭の中一杯に出てきたあ！

　そうそう、そりゃ不義理はできますまい！　須田さんの御健康を願いつつ、何かあったらすぐ駆けつけることができるように、これからも十両さんにはマメに通う……って、それ自分がお酒飲みたいだけなんを正当化してない（!?）と嫁。そういう彼女も（ほんのときたまではありますが）

体重差何と三十キロもある私を指一本で上げることができるようになりました。

スマイルリフティング、それは相手を正座の体勢から立たせてしまう冠光寺眞法の合気上げ。そしてそれにはうつ病さえ治してしまう術理が含まれてもいます。まさにスマイル！

「合気の可能性――合気とは何か――」の章で、「この『移る』という現象は合気の入口というか、母のような気配がする」と私は書きました。常にこれが起こるわけではない以上、何らかの特殊な条件が揃わなければならないことが予想されますし、この現象を誘発するのに（私の直感ですが）身体の動きは関係がないような気がするからです。だから「気を合わせるから合気なのだ」と言われれば、そのとおりなのでしょう。ただ、気といってしまえばまたその言葉の定義に腐心し、下手をすれば言葉遊びになってしまう。

つまり、まず、できなければならない。断じて実在している不思議この上ない合気を！

私も今後益々、さらに研究努力、稽古精進を続けてまいる所存です。

願わくは、この素晴らしい合気が、一人でも多くの方々に伝わりますように。

この青い秋晴れの大空に、
保江先生の癌を払い合気へと導かれた聖母とファティマの白鳩の如く真っ白な翼を拡げ、

一人でも多くの人々の元に、飛んでゆきますように！

保江邦夫先生はじめ、私にかかわって下さった方々全てに、心から感謝いたします。

ありがとうございました。

（平成二十一年十一月　炭粉良三記す）

後日談

今まで語ってきたことも、これから語ることも、全て本当のお話です。

二日前、私は「昭和町ドリーム」の原稿を持って大阪へ行き、登場して下さった方々に見て頂きました。皆、喜んで下さいました。そして昨日「続・合気私考」全編の原稿を保江邦夫先生に電送しました。

何だかホッとして今日目覚めると、秋晴れの綺麗な朝です。

午前中は仕事がなかったので、私はある場所を訪れました。実は昨夜から、決めていたのです。

「それはいったい、どこなんだろう……」

ずっと探していた場所が、昨夜やっとわかったのでした。

それは関西の、とある町。ここはよく往診にくるところなので土地勘はあったものの、長いこ

文化会館

とわからなかった。駅から少し歩くと、やがて小さな公園に出ます。その横に、ささやかな風情の文化会館がある。

こここそ、その昔……私の荒んだ心を救って下さった、あの歌声の主がアマチュア時代に歌っておられた場所なのです！

「ここだったのか！　いつも近くまできてたのに、知らなかった……」

公園では、お年寄りの方々がゲートボールを楽しんでいます。邪魔にならないように公園の端にたたずみ、目を閉じて耳を澄ますと……聴こえてくる！　彼女の、あの素晴らしい歌声が。

「本当に、ありがとう。ありがとうございました」

どれくらい、そうしていたのだろう……やがてハッと我に返り、その建物に一礼の後、踵を返して去ろうとした瞬間、岡山の保江邦夫先生からメールが届きました。今回の原稿を本にして下さることを、伝えてきて下さったのです。

青い空、白い雲、元気なお年寄りの皆さんの明るい声。
透明感溢れる、秋の日の朝。
だからこそ、私は今、ここにいるのです。

（平成二十一年十一月二十日　炭粉良三記す）

参考文献

『合気開眼──ある隠遁者の教え──』、『唯心論武道の誕生──野山道場異聞──』、『脳と刀──精神物理学から見た剣術極意と合気──』(保江邦夫著＝海鳴社)

『魂のかけら』(佐川邦夫著＝春風社)

『透明な力──不世出の武術家 佐川幸義──』(木村達雄著＝講談社)、『合気修得への道──佐川幸義先生に就いた二十年──』(木村達雄著＝合気ニュース)

『脳がよろこぶ思考力アップ！ パズル』(谷岡一郎著＝PHP研究所)

『マインド・タイム──脳と意識の時間──』(ベンジャミン・リベット著、下條信輔訳＝岩波書店)

『脳とテレパシー──あなたの脳には巨大な力が潜んでいる──』(濱野恵一著＝河出書房新社)

『古武術と身体──日本人の身体感覚を呼び起こす──』(大宮司朗著＝原書房)

『技アリの身体になる──武術ひとり練習帳──』(田中聡・中島章夫共著＝バジリコ株式会社)

『FLOW──韓氏意拳の哲学──』(尹雄大著＝冬弓舎)

『極意の解明──一撃必倒のメカニズム──』(近藤孝洋著＝愛隆堂)

『宮本武蔵』(吉川英治著＝講談社)

『──定本──五輪書』(宮本武蔵著、魚住孝至校注＝新人物往来社)

『聖書』(日本聖書協会)

著者：炭粉　良三（すみこ　りょうぞう）

1956年兵庫県生まれ。

長く空手の稽古にいそしみ、柔術や活法も習い修める。

2008年3月保江邦夫教授と邂逅、合気の技を目の当たりにし、同年7月その実戦性を知る。同時に合気に治療原理を発見。爾来、冠光寺流活法の完成に向け研究工夫の日々を送っている。

＊＊＊＊＊バウンダリー叢書＊＊＊＊＊

合気解明――フォースを追い求めた空手家の記録――

2010年 2月15日　第1刷発行

発行所：㈱海鳴社　http://www.kaimeisha.com/
〒101-0065　東京都千代田区西神田２－４－６
Eメール：kaimei@d8.dion.ne.jp
電話：03-3262-1967　ファックス：03-3234-3643

発行人：辻　信行
組　版：海鳴社
印刷・製本：モリモト印刷

出版社コード：1097

ISBN 978-4-87525-264-1